CHRONOS

Joan de Déu Franco

Algo… en el cuerpo de mi niño

"Diario de un extraño"

© 2025 **Europa Ediciones** | Madrid

www.grupoeditorialeuropa.es

ISBN 9791256960675

I edición: abril del 2025

Curador: Samuel Pérez

Distribuidor para las librerías: **CAL Málaga S.L.**

Impreso para Italia por *Rotomail Italia S.p.A. - Vignate (MI)*

Stampato in Italia presso *Rotomail Italia S.p.A. - Vignate (MI)*

Algo… en el cuerpo de mi niño

"Diario de un extraño"

Mis agradecimientos

Gracias a Carlos por hacerme querer. Sin ti, nada de esto hubiera sucedido.

Gracias a Elena por estar y apoyarme en las decisiones y fortalecer su vínculo con su hijo.

Gracias a Dios, al Universo, a las Fuerzas por estar en concordancia.

A Sito por estar siempre.

Gracias a Malén por ser un libro abierto de sus conocimientos, por tener un corazón grande, por enseñar a Carlos, por enseñarme a mí, por visualizar la sanación, por canalizar la energía, por darme esperanza y ver la luz, por más pequeña que sea, y por una infinidad de cosas más.

A la familia por proporcionarnos descanso, por su compañía, arropamiento, alimentos y los continuos regalos a Carlos para su distracción.

Gracias a todos mis maestros. Hay mucha gente que, de corazón, le agradezco lo que hace, lo que ha hecho y sé que continuará haciendo.

A Nina por ser mi guía y maestra espiritual. Diría más palabras, pero creo que todas se quedarían cortas.

A Audrey Page por dedicar su tiempo a equilibrar el cuerpo de Carlos con su SCIO.

A Val Tormey por mi enfoque a la vida y por hacer crecer mi ser espiritual.

A Bruno, a Marisa por abrir la puerta a la serenidad, a la paz interior y a la conexión con Dios.

A la gente que no conozco personalmente y que ha ayudado a Carlos y sé que van a ser siempre parte de Carlos y Carlos parte de ellos.

A las personas que se han acercado para ayudar, que han hecho lo mejor que estaba en sus manos.

A la dirección del colegio Balmes, al profesorado y a los padres de alumnos.

A María Dolors por su voluntariedad a contribuir de una manera divertida, didáctica e inusual en el crecimiento del aprendizaje de Carlos.

A Colette, a Cherie, a Elena por participar en la sanación de Carlos.

Al club de fútbol Sporting Ciutat de Palma.

A los médicos, por tirar la toalla y dejar al cuerpo sanarse sin tóxicos.

Al personal del hospital. Algunos, los tendré siempre en la memoria por dejar huella en nuestros corazones.

A Carmen (de los sueños). a Marcelo, a Juan María, a Francisca, Raúl, a los hermanos Mazucca, Laura, a José Luis y a los que no menciono que sois muchos más.

Sábado 11 de junio de 2011

Esta mañana salí para dar una clase de piano, dejando a Carlos, mi hijo de siete años, descansando en el sofá tras una noche normal de sueño. Me preocupaba que, en los últimos días, los dolores de cabeza fueran más frecuentes. Al volver dos horas después y verlo en la misma postura, decidimos con Elena, su madre, llevarlo al hospital.

Carlos es un niño activo, juega al fútbol, tenis, ajedrez, pinta y toca el piano, entre otras actividades. Es callado pero respetado, con una actitud admirable en todos los ámbitos. Un año atrás, tuvo un mareo que no pasó a más, pero la preocupación creció.

En el hospital, la Dra. Pediatra ordenó un análisis de sangre y un TAC. Le conté mi miedo al cáncer, recordando a un amigo perdido, y mencioné que ya teníamos cita con el neurólogo. Tras un examen ocular, los resultados mostraron cierta borrosidad en la pupila izquierda.

Poco antes de la visita al hospital, había colgado unos cuadros de Carlos en casa, y ese día el miedo comenzó a tomar forma en los informes médicos. La Dra. Pediatra nos dio el primer diagnóstico: tumor craneal.

El diagnóstico: un tumor de 4.5 cm en la fosa posterior, afectando el cuarto ventrículo y causando hidrocefalia, sugerente de un Meduloblastoma. Carlos fue trasladado en ambulancia al hospital Son Espases, uno de los mejores de Europa, para una operación precisa con una resonancia de alto valor.

A medida que todo avanzaba, la mente trataba de asimilar la situación. Pensé que con la ayuda de los especialistas todo saldría bien, pero pronto entendí que los controles y tratamientos serían intensos y agresivos. La esperanza de que Carlos estuviera bien pronto era mínima. Al final del día, lo miraba sin poder creerlo. Parecía tan saludable, solo con pequeños dolores de cabeza. Pero el tumor era real, y tenía el tamaño de un puño.

Martes 14 de junio

Los días pasan con incertidumbre, tratando de entender lo que está ocurriendo, rodeados por la familia y amigos. Hoy se programó una resonancia para identificar el extraño que acecha a Carlos. En la UCI, el personal de transporte se prepara: un médico, un celador, un camillero, todos corriendo por los pasillos. En la antesala del quirófano, algunos esperan, otros reaniman. La sedación es necesaria para que Carlos, tan pequeño, aguante la prueba de una hora. No puedo hacer nada, solo asimilar.

Después, nos llaman para una reunión. Las noticias son malas: mañana mismo operan a Carlos. El tumor está identificado y saben cómo extirparlo, pero lo peor es que se ha extendido, y un nódulo ha llegado a la médula. Pienso en mi amigo Sito, que sé que está a su lado, como en los cuentos que solía contarle a Carlos.

Lo que vivo no se puede expresar con palabras. Todo lo que había construido se desploma en un instante. Esa noche, cené lo que Carlos no quiso, pero mi apetito desapareció cuando apareció el anestesista. Me pidió que firmara un documento de alto riesgo. La cirugía será compleja, con una anestesia prolongada. Pregunté cuántas operaciones de este tipo se realizan al año, y la respuesta fue que solo una o dos. Me tranquilizó que el anestesista, con treinta años de experiencia, nunca había tenido un caso fatal, aunque no supe si debía darle las gracias. La noche fue angustiosa.

Miércoles 15 de junio

A las 8:30 de la mañana comenzó todo, la camilla, el personal, corriendo por los pasillos con Carlos. Nunca había visto esa mirada en su rostro, una mezcla de incertidumbre y agotamiento. Había pasado por un TAC, una resonancia y ahora enfrentaba una operación larga. No podía creer lo que estaba pasando. Le pedía a Dios que le diera fuerza.

Recibí muchos mensajes de apoyo, algunos llenos de ánimo y cariño, otros transmitiendo energía. Sentía la fuerza de una cadena humana trabajando por Carlos, algo increíble. Incluso una chamana que estaba en el quirófano buscó a Carlos con una técnica que no entendí. No creía en esas cosas, pero la ayuda me llegó de todos lados.

Por la tarde, hicimos un pícnic con familiares y amigos fuera del hospital. Por primera vez desde el sábado, sentí algo de paz. Recibí un listado de personas que formaban una cadena de apoyo, y comprendí cuánta gente estaba trabajando para Carlos.

A las 4:30, la doctora llegó con una media sonrisa y la noticia: todo había salido bien. Habían extirpado la masa completa, incluso un nódulo cercano. Media hora después, vimos a Carlos. Aunque su aspecto estaba alterado por la anestesia y los tubos, estaba despierto. ¡Estaba despierto! Con eso, me sentí aliviado, aunque no sabíamos qué hacer. Nos dijeron que le habláramos y lo tocáramos, y con miedo y cautela, lo hicimos.

Martes 28 de junio

Hoy se realizará otra resonancia para verificar si el líquido craneal está drenando correctamente, y si es necesario implantar una válvula subcutánea para ayudar a expulsarlo.

Se confirma que Carlos necesitará un tubito subcutáneo de por vida, que se ajustará a medida que crezca. Este tubo permitirá que Carlos no dependa de la válvula externa, que lo mantenía en cama.

Desde la operación, Carlos ha estado acostado sobre su lado izquierdo. El 21 de junio, al girar su cabeza para comer, notamos una pequeña rozadura detrás de su oreja izquierda, que fue curada inmediatamente. Sin embargo, insistió en sentir escozor y un bultito detrás de la misma oreja. Al revisarlo, encontramos sangre seca en sus cabellos. Llamamos a la enfermera de guardia, quien le hizo la primera cura y comenzó el protocolo de curación celular.

Miércoles 29 de junio

La herida de Carlos supura, por lo que se realizan cultivos. A las 10:30 p. m. nos convocan a una reunión, de esas que intuyes que no traerán buenas noticias. El diagnóstico: es un hongo, pero aún no tenemos los resultados de los cultivos. Podría ser un hongo agresivo e invasor que se ha extendido por todo el cuerpo. La situación es grave.

¿Lo grave no era lo de la cabeza?

Hablando con mi amiga Nina Merkley, quien sabe de mis preocupaciones, me comentó sobre una amiga suya llamada Cherie Young, que vive en EE. UU. Al igual que Elena, la chamana de Perú que estuvo virtualmente en el quirófano, pensé que cualquier ayuda suma. Cuando supe del hongo, contacté a Nina y activé el protocolo de emergencia.

Cherie, desde EE. UU., puso caracoles a Carlos para que se comieran el hongo. Viene de una familia con habilidades especiales, una «brujilla», como le decía Nina. En su vida, Cherie también ha recibido ayuda de Colette Chase, una gran maestra en el tema. Colette, quien también trabaja con la médula, viajará a Palma de Mallorca en agosto para dar un curso intensivo. Ambas se hacen llamar «canalizadoras», intermediarias del poder divino para la sanación. Y así, con la ayuda de ellas y de la cadena humana, seguimos luchando.

Viernes 1 de julio

Se activa el protocolo contra el hongo. Se le realiza un triple TAC (craneal, torácico y abdominal), y a las 14:30 h nos informan que el hongo no se ha extendido. ¡Alivio! Se ataca con antibiótico local y oral, además de realizar cirugía diaria en la herida para limpiar las zonas infectadas. Se plantea un injerto si es necesario. Finalmente, parece que todo fue un gran susto.

En cuanto a la comida, lo incomprensible es cómo no se le da importancia a su dieta. Hoy, por ejemplo, le trajeron puré de patatas y salchichas con judías verdes, lo cual no es adecuado para su digestión, ya que la patata estriñe y las judías provocan gases. Las comidas son irregulares y, a menudo, no apropiadas para su estado. Además, a veces tarda mucho en llegar lo que pide, y los días transcurren con menús repetitivos, como sopa de fideos, que no es lo más adecuado para un niño.

Domingo 3 de julio

Las noches siguen siendo difíciles, sobre todo por los dolores en la barriga. A media mañana se le hace una radiografía para descartar infecciones o anomalías, pero todo parece estar bien. En la cura del hongo, aprovechan la sedación para extraerle las heces. Carlos sigue hinchado, pero mucho mejor que el día anterior. La «abuela», una enfermera veterana, hace reír a Carlos con su presencia, ya que es muy querida por su enfoque y dedicación en el trabajo. Es conocida por su terapia de hacer reír a los niños, lo que ayuda mucho a Carlos, aunque no podía ver comedias por las molestias de las grapas en su ombligo. Además, está tomando ketamina, un medicamento alucinógeno.

Martes 5 de julio

La noche anterior fue menos intensa en cuanto a dolores y deposiciones. En total, contabilicé cinco. Después de hablar con un médico amigo, Juan, padre de dos de mis alumnos, me aconsejó insistir en los problemas digestivos, ya que a veces no les dan la suficiente importancia. Carlos no había tenido deposiciones desde el 11 de junio. Debido a los problemas con la comida, se puso una queja al departamento de atención al paciente, pidiendo un menú más adecuado para niños.

Miércoles 6 de julio

Hoy hay reunión. Nos informan que, en cuanto tengamos resultados negativos sobre el hongo, procederán a colocarle un portacath para administrar medicación y evitar problemas con las venas. Además, se comenzará con quimioterapia. La noticia es impactante, y al buscar más información, uno se asusta al leer sobre los efectos de la quimioterapia, que ataca las células de rápido crecimiento, sin diferenciar entre las buenas y malas.

Lunes 11 de julio

Hace un mes que Carlos ingresó al hospital.

Hoy continúa con molestias en el cuello y no ha pasado una buena noche. La fisioterapeuta, Xisca, lo visita para sus ejercicios de estiramientos, flexiones y respiración. Está asombrada de cómo responde Carlos a las solicitudes, lo que le recuerda la habilidad de Carlos para relajarse, que ya había sido notada por Colette, quien lo había «comunicado» a distancia desde EE. UU.

Sin embargo, la relajación no dura mucho debido a las interrupciones del hospital. Poco después de la visita de la fisioterapeuta, Carlos está preparado para cirugía. Le quitan las grapas de la cabeza y el ombligo, y a las 13:30 h, se dirige al quirófano para la colocación de un portacath. El proceso requiere que se firme una autorización para la cirugía y anestesia, mientras se me informa de los peligros involucrados, que ya son muchos y difíciles de enumerar. A pesar de todo, mi fe en Dios y mi comunicación continua con Él me da algo de paz.

Hablando con Nina, me cuenta que Cherie, que trabaja en EE. UU, está colaborando con un cirujano llamado John y una alquimista, cuya identidad no pudo especificar. La alquimista fue quien envió los caracoles para curar el hongo de Carlos. Además, Cherie recomendó intentar comunicarme con Carlos a través de un juego mientras duerme, lo que me inquietó, pues luego mencionó que había una niña acompañando permanentemente a Carlos. Pensé que podría ser la prima de Carlos, Laura, pero Cherie describió a la niña como alguien diferente, lo que me dejó sorprendido. Recordé que una niña de ocho años, que había estado ingresada cerca de Carlos, había elegido no seguir viviendo e ingenuo de mí, le pedí que le ayudara.

Martes 12 de julio

Hoy Carlos no ha comido ni cenado. Ahora son las 23:23 y lleva más de cuatro horas dormido. De vez en cuando se queja, el dolor aparece y desaparece, pero vuelve a dormirse enseguida.

El extraño se manifiesta.

La medianoche se acerca y la UCI está casi a oscuras. Voy a preparar la butaca para descansar, aunque dormir aquí es complicado. Ahora que Carlos duerme, intentaré relajarme y, quién sabe, tal vez comunicarme con él en su sueño. Buenas noches.

Jueves 14 de julio

Aquí no se duerme. Que sí los pipís de Carlos, el ruido del vecino, el ir y venir del personal, la puerta que rechina con solo pasar, los pitidos del monitor cuando las constantes se disparan, o las alarmas de las bombas de medicación vacías. Aquí simplemente no se duerme. El cultivo del hongo ha dado negativo. Doy gracias a Dios y pido que no reaparezca.

Le administrarán quimio citostática, una versión moderna que irá por el portacath, como le explicó la doctora. Mi tarea es activar el protocolo de sanación y transmitirlo. No sé cómo funciona ni cuántos trabajan con Carlos, pero mi misión es mantener el flujo de energía positivo.

Hoy hablé con Nina, que siempre encuentra tiempo para preocuparse o echar una mano. Me comentó sobre la niña de ocho años que estaba en el box de Carlos. Parecía perdida, como sin rumbo, pero ya no está. Cherie, especialista en limpiar casas de espíritus, la ayudó a atravesar una puerta de luz. Según Cherie, el box de Carlos está lleno de entidades. Algunas trabajan para él y las dejó; las demás, las apartó. La niña no hacía daño, pero tampoco bien.

Son casi las cinco de la tarde. Carlos duerme desde las dos. En unos minutos comenzará la quimio, una dosis administrada durante diez horas con tres semanas de descanso. Pido que sea bien recibida, que destruya las células malas y regenere las buenas. 10 000 billones de células, tantas como 1000 veces las estrellas de la galaxia de

Orión, según leí en el libro *La curación a nivel celular* de la Dra. Joyce Whiteley Hawkes.

A las 18:30, sentamos a Carlos en la butaca, pero a la media hora pidió volver a la cama por molestias en el cuello. Lleva más de una hora con la quimio. En la cama el dolor no cede, los gritos lo delatan. Tiembla, siente frío, y lo arropamos con mantas. Le administran un calmante que pide como si fuera un caramelo y pregunta si hará efecto rápido.

A las 23:00 llega el primer vómito. Espeso, denso, como lava de volcán. Han pasado seis horas desde el inicio de la quimio, que terminará a las 3:15. Carlos sabe lo que ocurre, que las células malas están siendo atacadas y expulsadas. No pregunta nada más, solo cuándo podrá ir a planta y recibir visitas de sus amigos.

El monitor me asusta: su corazón late a 177 ppm, como un feto en el vientre materno. Su temperatura alcanza los 39 °C y deben interrumpir la quimio para administrarle Nolotil, aunque le causa reacción en la piel. También le colocan gasas húmedas en muñecas, tobillos y cabeza para bajar la fiebre.

Viernes 15 de julio

Carlos ha dormido toda la noche, agotado por la fiebre alta y constante, efecto de la medicación. Hoy su temperatura está en 36,8. Yo logré dormir unas cuatro o cinco horas, todo un lujo.

La doctora Carmen ha venido con grandes noticias: esta tarde lo trasladan a planta. Otro partido ganado, otro milagro. Para completar el día, su enfermera abuelita Consuelo estará con él.

Sábado 16 de julio

Habitación 119D. Tiene unos 15 metros cuadrados, baño con ducha, TV, PC y una pared acristalada que da a un pasillo exterior con suelo de madera, como si estuviéramos en un barco. Apenas entra luz, y las vistas son inexistentes, pero el sofá es suficientemente largo para que pueda descansar.

Han pasado 48 horas desde la quimioterapia, y aún no veo síntomas externos, aunque por dentro seguramente está haciendo su trabajo.

Lunes 18 de julio

La noche ha sido tranquila, solo un pipí. Ayer le aumentaron la dosis del parche de fentanilo, y ahora Carlos no siente dolor. Esta mañana, una auxiliar lo lavó y él se dejó mover sin quejarse.

El doctor ha pasado con más buenas noticias: hablará con la fisioterapeuta para que esta semana Carlos se ponga de pie y empiece a caminar. ¡Sí, sí, sí! Lleva mucho tiempo en cama, será difícil, pero es un paso necesario. Por cierto, el doctor y su acompañante no llevaban mascarilla. Dicen que sus defensas han subido, aunque esto puede cambiar más adelante. El miércoles le harán una resonancia para evaluar los resultados.

Otro milagro, otro partido ganado. Desde planta, todo se ve diferente. Tenemos tiempo y determinación para derrotar al extraño.

Martes 19 de julio

Ayer por la noche, la enfermera de guardia me pidió salir de la habitación para explicarme que, aproximadamente una vez por semana, cambiarán la aguja del portacath. Se ofreció a hablar con Carlos si nosotros, los padres, no sabíamos cómo explicárselo. Cambiar el portacath se describe como un procedimiento menos invasivo que colocar una vía periférica, ya que no requiere pinchar una vena directamente. Sin embargo, la experiencia no fue menos dolorosa para Carlos. Entre retirar el apósito, limpiar la zona y volver a pincharlo, Carlos lo pasó mal.

Es inevitable pensar en el aguante que tienen los niños, como si fueran auténticos toros. Sin embargo, cuando las cosas no cuadran, como los pinchazos repetidos, las flebitis, las vías periféricas cambiadas de una mano a otra, o cuando terminan sacándole sangre de una vena del pie porque las del brazo ya no funcionan, uno no puede evitar enojarse. En un momento de frustración, viendo a Carlos llorar, le dije: «¡Grita, Carlos! ¡Grita!». No se lo merece. Si este fuera un examen y ellos los estudiantes, los habría suspendido. Aquí, en planta, algunos parecen de segunda división.

Sábado 23 de julio

Hoy es mi primera mañana en casa sin necesidad de dormir desde que ingresó Carlos. Me siento raro, como sin rumbo, así que aproveché para ir al peluquero, aunque me perdí la lección de Malén. Dios la guíe y que Carlos reciba lo mejor de ella. Este fin de semana no hay fisioterapia en el hospital, ya que Xisca no trabaja y el servicio está cerrado. Gracias, Malén.

Con Carlos estabilizado y sin pruebas pendientes, pasamos el día en la habitación, esperando las tres semanas para ver cómo evoluciona el «extraño». Mi cuerpo me pide actividad, así que además de escribir este diario, a partir del 1 de agosto empezaré a tocar el piano en el hotel de Cala Fornells y daré algunas clases, aunque muchos alumnos ya están de vacaciones.

Por otro lado, ¡caca! Color de calabaza y sin esfuerzo, ocho días después de salir de la UCI. Gracias al puré de calabaza de mi hermana Antonia, el puré de pescado de mi cuñada M.ª José y la ayuda de Pilar, amiga de Malén y experta en masajes de digestión.

Lunes negro

Hoy me siento muy mal, impotente y decepcionado. No sé cómo expresarlo, pero la falta de delicadeza que han tenido conmigo me ha dejado completamente desbordado. Me han tratado como si estuviera en un tribunal, y me siento indignado por ello.

Resumen de la situación: Malén pidió ver una radiografía postoperatoria de las cervicales para poder tratar a Carlos de forma más profunda. El oncólogo, Dr. «de los calzones caídos», aceptó compartirla si el rehabilitador lo aprobaba. El viernes 22 me pidió que Malén hablara con Xisca, quien debía consultar con su jefe. Pero hoy, Xisca no lo hizo y encontró una excusa para librarse.

Entonces, me convocaron a una reunión con el Dr. «de los calzones caídos», Pedro de rehabilitación y Mercedes, la jefa de planta. Me interrogaron y repitieron lo mismo. Yo no podía responder a sus preguntas y propuse que Malén se reuniera con ellos. Si hay algo que firmar, lo firmo, como ya he hecho en tantas ocasiones. Pero me parece que lo que Malén hace por Carlos es mucho más efectivo que lo que están haciendo ellos. Ella tiene que trabajar con todo lo que la medicación ha bloqueado, aflojar los músculos tensos y estimular los movimientos reducidos por la operación. ¡Y ellos no lo están haciendo!

El Dr. «de los calzones caídos» se dio cuenta de que la situación se le estaba escapando de las manos. Me sentí mal por él, porque las consecuencias de esto serán inevitables. Podrían haber manejado todo de otra forma. Mi indignación es inmensa.

Pero en medio de todo esto, apareció un ángel: un operario que activó el ordenador de la habitación, retiró el televisor y conectó la Play. Carlos, triste por perder el televisor, rompió a llorar. Sin embargo, el operario me ofreció quedarme con el aparato una semana más. Él anotó que la habitación estaba restringida y no se podía acceder hasta dentro de una semana. ¡Siempre hay ángeles a nuestro lado!

Para completar el día, las defensas de Carlos han mejorado, tiene glóbulos blancos, por lo que ya no necesita la mascarilla y las visitas no están restringidas. Además, puede moverse por los pasillos en silla de ruedas.

Martes 2 de agosto

Un baño en el mar siempre renueva energías y la conciencia. He estado unos días sin ganas de escribir, desde esa reunión que temía. Las malas noticias, sobre todo las que afectan a Carlos, me hunden, pero trato de mantenerme firme. Ya no sé si quiero saber más.

El viernes 29 nos fuimos de «finde» a casa. Carlos aceptó enseguida y estuvo muy bien; aumentó su actividad y fue un fin de semana increíble.

Ayer comencé a trabajar en el hotel; la temporada parece prometedora, pero no me sentía bien. Había meses que no practicaba. El otro día intenté tocar el piano, pero no pude, lloré mucho al liberar todo lo acumulado.

Hoy ha sido un día clave. Después de encender el ordenador, vi que había quedado abierta una página web que había consultado el viernes. Le dije a Malén que el tumor había regenerado, pero el de la médula había disminuido. Dada la gravedad, adelantarán la quimioterapia. Luego, Malén me habló de un homeópata que ayudó a su madre con muérdago, lo cual podría aliviar los efectos de la quimio.

Fui al mar a descargar lo negativo, es algo que recomiendo. Carlos hoy luchó con fuerza, visualizando la destrucción de las células dañadas. La medicación (METOTREXATE y VINCRISTINA) ha tenido efectos fuertes, como la caída del cabello y llagas en la boca, pero el tratamiento continuará según el protocolo.

Viernes 5 de agosto

Me suena el teléfono: Carlos ha convulsionado y está en la UCI. La convulsión, acompañada de vómito, activa el protocolo de emergencia. Ayer tuvo una crisis nerviosa. Se le realiza un TAC, y horas después otra convulsión. Los diagnósticos son alarmantes: un posible meningioma, pero tras analizar el líquido cerebroespinal, se descarta, aunque no por completo. También hay riesgo de pérdida de consciencia, lo que podría llevar a un coma. Pido a Dios que lo cure sin más complicaciones.

La mañana fue movida. Carlos le dijo a Pilar, enfermera, que lo dejara en paz, a lo que ella respondió con paciencia. Le hicieron una radiografía, ecografía, y controles de sangre, ya que la fiebre sugiere una infección. Los médicos siguen investigando.

A pesar del caos, me siento tranquilo, como si supiera que no es grave. Me pregunto si es el momento en que Dios decidirá llevarse a Carlos, pero no obtengo respuesta. Tras la reunión de la semana pasada y el baño en el mar, mi actitud ha cambiado, y los libros que estoy leyendo me ayudan a dar otra perspectiva sobre lo que estamos viviendo.

El libro *¿Por qué a mí?* Relata la historia de un niño de nueve años que, con su mente, combate su tumor, llamado planetoide siendo capitán de un escuadrón de naves espaciales para destruir las células malignas. Me ayuda a entender lo que estamos atravesando.

Hoy hablamos con Rocío, madre de Iker, un niño de 6 años con leucemia. Nos contó sobre su hijo y el trasplante de médula que recibirá de su hermano. Sus palabras nos alentaron, dándonos una mejor comprensión del proceso y del hospital.

La lucha sigue. El enemigo, que se protege mediante las convulsiones, sabe lo que viene. La batalla será larga, pero constante.

Domingo 7 de agosto

Carlos sigue en UCI y, aunque sigue vomitando y comiendo poco, hoy mostró ganas de mejorar su estado de ánimo. Después de dormir poco, le hablé de la importancia de salir de allí y le pedí que hiciera respiraciones profundas para cargar sus células de oxígeno. Aunque los dolores en el abdomen interrumpían el proceso, continuó concentrándose en la respiración hasta otro vómito.

Le expliqué una técnica de respiración que encontré en el libro *¿Por qué a mí?*, que se enfoca en relajar cuerpo y mente, tomar conciencia de la respiración y visualizar cómo el oxígeno llena y sana cada célula. Este proceso ayuda a los órganos, músculos y tejidos a empaparse de oxígeno y eliminar desechos, mientras conecta con el ciclo respiratorio de todo el planeta, haciendo del cuerpo parte de un intercambio vital.

La práctica de esta respiración es una forma de sanación, que conecta cuerpo, mente y espíritu, y me hace pensar que cuanto más nos ocupamos de nuestro cuerpo, más el cuerpo se cuida de nosotros.

Lunes 8 de agosto

Los médicos activan el protocolo de crisis y realizan múltiples pruebas: cambio de vía, radiografía abdominal, fondo de ojo, ecografía y un electroencefalograma. Lo sondan y le ponen un tubo por la nariz debido a los vómitos. Aunque los médicos no encuentran nada alarmante, la tensión alta es lo que más preocupa. Todo está dentro de la normalidad, aunque el estómago e intestinos están un poco irritados por tanto vómito. Hoy no pueden hacer más, pero el miércoles tiene programada una resonancia para ver los efectos de la quimio y el impacto mental.

Por la mañana, Malén me llama para confirmar la cita con el homeópata y me sugiere transmitirle toda mi energía a Carlos tocando sus pulgares. A las 15:00 tengo visita con el Dr. Tolo, especialista en medicina interna, osteopatía, homeopatía y PNL, acompañado de Malén. El doctor me pide que le diga cómo puede ayudarme. Malén menciona un caso de la página web del muérdago, y hablamos sobre la personalidad y salud de Carlos. Tolo atribuye el origen de la enfermedad a la gestación y al ciclo de 7 años, señalando que el cuerpo se renueva cada siete años.

El doctor me inspira confianza y buenas vibraciones, lo cual me parece importante en medio de toda esta situación.

Miércoles 10 de agosto

La resonancia de Carlos estaba programada para las 10:00 h, pero se retrasó hasta las 11:30 h. Al llegar al box n.º 2, lo encontré despierto y dispuesto a jugar al juego de la Oca, aunque quejándose de dolores por los gases e irritación intestinal. Dos médicas interrumpieron el juego tocándole la barriga, lo que le molestó. Luego, Carol apareció y Carlos no quiso que le tocaran ni los pies. Un enfermero le puso un calmante.

Llegó la camilla para la resonancia. Me ofrecieron acompañar a Carlos para evitar la anestesia, a lo que accedí. Carlos aceptó estar despierto y pidió los cuentos para pasar el tiempo durante la prueba. El ruido de la máquina era ensordecedor, pero Carlos llevaba tapones y yo cascos. Mientras le tocaba el pie y le leía, me aseguraba de que se sintiera acompañado. La prueba salió bien, sin necesidad de repetirla, y Carlos fue un campeón.

Ya en la UCI, me sentí orgulloso de que hubiera superado la resonancia sin anestesia, evitando toxicidad en su cuerpo.

Me acosté a descansar, pero me dormí. Tuve un sueño revelador en el que veía a Carlos en una habitación con una gran ventana, recibiendo la visita de mi madre y hermana. Hablaba por teléfono con una doctora pediatra que lloraba, pero no me decía nada claro. Me despedí de ella, entendiendo que solo serían visitas para revisiones.

Jueves 11 de agosto

Los médicos nos reunieron para informarnos sobre el estado de Carlos. Finalmente, nos dijeron que se ha estancado. Esto es positivo, ya que el Meduloblastoma de rápido crecimiento parece haber respondido al tratamiento. El tratamiento inicial, por el contrario, había empeorado su situación. La convulsión se debió a una neurona que estalló en su cerebro, aunque no saben la causa exacta.

Hoy también llegó Colette, amiga de Nena, que viene desde Estados Unidos a dar un curso sobre el poder de las dimensiones para la sanación. Espero que pueda ver a Carlos y agradecerle lo que está haciendo.

Viernes 12 de agosto

Después de un baño en el mar, me sentí renovado y lleno de energía. Fui al hospital y, siguiendo las enseñanzas de Malén, transmití energía a Carlos a través de sus pulgares. Nunca había sentido algo tan intenso: un cosquilleo en mis brazos, fluyendo por mis manos y hacia su cuerpo.

Carlos parece haber cambiado el día por noche, y me costaba mantenerlo despierto. Jugamos a la Oca, que me ganó, y también hicimos una lista de cromos que faltan en su colección. Le leí tres capítulos de Bob Esponja.

Hace cinco días que no nos quedamos a dormir en la UCI, ya que Carlos está muy bien atendido y necesitamos cuidar nuestra salud y energías. Aunque los médicos lo recomendaron, la última vez que pasé la noche en el hospital fue agotadora. Estaba muy cansado, con problemas para dormir, y me preocupaba que la enfermera estuviera más pendiente de su teléfono móvil que de mi situación. Aunque ella estaba tranquila, yo me sentía como el chico de los pipis. A veces, el descanso es necesario para tener fuerzas y cuidar a Carlos.

Domingo 14 de agosto

Colette estaba en Palma dando un curso sobre «brujas» y durante una meditación se concentraron en Carlos. Le dijeron que está tranquilo donde está, pero que está en un «pasillo» sin decidirse a dónde ir, como si estuviera esperando algo. Hoy, por primera vez, Carlos preguntó cuándo íbamos a casa. Es un cambio significativo.

Esta pregunta me hizo pensar: ¿es otra señal de que Carlos está listo para emprender algo? Él parece saber más de lo que creemos. Además, me llama la atención su necesidad de que su madre esté cerca. Desde que está en el hospital, reclama constantemente su presencia. Esto, junto con un dibujo que hizo Carlos en el que nos situaba a Elena y a mí de manera especial, refleja su situación actual: indeciso, pero muy consciente.

Nina interpretó el dibujo de una manera interesante, sugiriendo que Carlos debía estar a la izquierda de su madre, con ella en el centro. Este tipo de cosas me hacen reflexionar sobre lo que está pasando en su mente. Le pido a Dios que ilumine su camino y que pronto se decida.

Lunes 15 de agosto

¡Carlos ya ha salido de la UCI y vamos a planta! Habitación 123. Es un avance importante, aunque aún queda mucho por hacer.

Martes 16 de agosto

Carlos ha perdido casi tres kilos en diez días, y su peso está en 17,4 kg. La pérdida de masa muscular y cabello me preocupa, pero me concentro en la recuperación. Hoy, Malén retomó las sesiones con Carlos después de 11 días en la UCI y mencionó que algo había hecho el Dr. Tolo, el homeópata, con las uñas de Carlos. Al día siguiente, hubo un cambio notable en su estado. Cuando llegué al hospital, vi a Carlos despierto, algo que no ocurría desde su crisis del 5 de agosto.

Parece que los masajes de Malén están teniendo un efecto positivo. Además, las cacas han vuelto a aparecer, lo cual es otra señal de mejora.

Miércoles 17 de agosto

Carlos ha comenzado a practicar las visualizaciones. Malén le explicó, de manera simplificada, la historia de un niño que atacaba su cáncer en forma de hamburguesa. Al preguntarle cómo veía él las células amontonadas en su cabeza y columna, Carlos las describió como una «patata» que destruiría cortándola en pedazos con un cuchillo. Malén le enseñó que, con respiraciones profundas, esas «patatas» destrozadas deben ser expulsadas a través de la caca.

Hoy tuve una cita con el Dr. Tolo. Quería saber más sobre lo que hizo con las uñas de Carlos, pero el doctor no me especificó exactamente qué hizo, aunque me confirmó que hizo algo. También mencionó que el muérdago, que habíamos considerado como tratamiento, lo había dejado en pausa por ahora.

Sábado 20 de agosto

Hoy, Carlos sigue recuperándose asombrosamente bien y su peso ha subido a 20,4 kg. Colette llegó a visitarlo con información muy interesante. Al principio, ella y Carlos intercambiaron impresiones sobre sus calcetines Rayo McQueen, y luego le enseñó algunas visualizaciones más avanzadas. Le pidió a Carlos que convirtiera una galleta en verde y luego en azul, usando su concentración. Incluso le enseñó a imaginar una piedra imaginaria, y Carlos logró hacerlo con éxito.

Colette le sugirió que destruyera también las raíces de la patata, y que si quería, podría visitarlo en sus sueños. La conversación se volvió aún más intensa cuando Colette me aconsejó que no diera mi energía a Carlos directamente, sino que le transmitiera energía externa, y que dejara que él se cuidara por sí mismo.

Al final de la visita, Colette me pidió una moneda como símbolo de su ayuda, su amistad y el conocimiento compartido, y me dejó con palabras profundas sobre el poder de la energía y el enfoque positivo. Nunca imaginé cuán significativos serían esos pequeños gestos y mensajes.

Miércoles 24 de agosto

A las 8:00 h llegué al hospital para la colocación del catéter. Insistí en que aprovecharan la anestesia para cambiarle la aguja del portacath, aunque no es lo habitual. Finalmente lo hicieron. Carlos, a pesar de su juventud, es muy responsable y lo manejó bien. El catéter permitirá la extracción de células madre durante la aféresis.

El cirujano explicó que la quimioterapia destruye células cancerosas dañando su ADN, deteniendo su división celular. Los fármacos actúan en diferentes fases del ciclo celular: algunos en la división, otros en el reposo. Carlos ha tenido problemas con la vincristina en su segundo ciclo, pero la dosis será reducida en el cuarto ciclo. Los próximos bloques incluyen fármacos que actúan en la fase de reposo celular.

Jueves 25 de agosto

Hoy Carlos fue trasladado a la UCI para su tercer ciclo, buscando más control por si surge algún problema. Pido a Dios que lo acompañe y lo llene de fuerzas físicas y mentales. La enfermedad puede hundirnos, pero si luchamos con ganas de vivir, podemos vencerla, aunque siempre respetando la voluntad divina. Si Carlos sigue aquí es porque no es su hora, y cada día que pasa debe ser vivido con la esperanza de que está avanzando.

Viernes 26 de agosto

Hoy fui al mar a cargarme de energía. Le llevé una camiseta del Barça a Carlos, ¡le hizo mucha ilusión! El Barça ganó otra copa, y me pregunté si tanta obsesión por el equipo será buena. Carlos parece estar algo mejor, aunque los dolores intestinales siguen. Le hice el masaje que me enseñó Malén, y a veces él mismo me lo pide.

Viernes 2 de septiembre

Esta mañana, Carlos tuvo problemas con el baño. Tiene una fisura en el ano y le duele mucho. Ha recibido una bolsa de sangre porque su hemoglobina está baja, y los médicos indican medicación para subir las defensas. Aunque su ánimo está bajo, sigue bebiendo agua de mar, que le ayuda a hidratarse y restablecer su salud celular. Los médicos han hecho una ecografía, pero no han encontrado nada anormal.

Carlos, aunque a veces no lo parezca, quiero que sepas que estar contigo es lo más importante. Aunque he tenido que trabajar por los gastos, la mente necesita descansar, incluso si ese descanso viene en forma de trabajo. Ahora, con la ayuda de amigos y familiares, todo será más fácil.

Lunes 12 de septiembre

Después de tres meses, Carlos y yo vamos a casa. A partir de ahora, seremos enfermeros, administrando su alimentación y medicación. Los médicos planean el cuarto ciclo de quimioterapia el lunes, si el catéter lo permite. Mientras, disfrutamos de una semana en casa, con precauciones para evitar infecciones.

El domingo tuvimos un día libre y fuimos a la playa. Fue un día bonito, lleno de energía y limpieza espiritual. En la travesía, vimos coches destrozados en las rocas, un recordatorio de las tragedias pasadas en busca de una vida mejor.

Martes 13 de septiembre

Ayer salimos del hospital a las 16:00 h, y hasta ahora no hemos tenido problemas con la sonda de alimentación. Carlos camina casi perfectamente, sin la inseguridad de antes. Elena y yo hablamos en el colegio con las tutoras sobre cómo se gestionará su curso. Les propuse que Carlos visitara el colegio para ver a sus compañeros, y la tutora no tardó en avisarles.

Al llegar a casa, Carlos estaba tocando el piano, y tras ayudarle con algunos acordes, tocó cuatro canciones. Me emocionó ver sus avances, especialmente con la mano derecha aún afectada. Siento que Carlos está recuperando lo que perdió, y lo del colegio lo veo como una esperanza renovada.

En el colegio, sus compañeros le hicieron dibujos, cartas y le regalaron el libro de *Pinocho*, el cual leerá este año. Aunque entró algo tímido, al final se quedó saludando a los profesores.

Por la tarde, suspendimos la clase de pintura porque Carlos tenía fiebre (38,6º). El hospital sugirió ingreso. La fiebre podría ser consecuencia de una fisura que no ha curado bien, además de los picores en la zona. Finalmente, se confirmó el ingreso en la habitación 124. Quisimos saber si podríamos estar en casa el fin de semana, pero los resultados de las analíticas tardan 48 horas.

La frase «no dejes para mañana lo que puedas hacer hoy» cobró más sentido que nunca.

El retraso en el hospital para una cura pautada me hizo decidir que no postergaría la visita al colegio el viernes. Si nada lo impide, estaremos de vuelta.

Viernes 16 de septiembre

La fiebre ha disminuido, y se confirmó que la causa era el catéter. Si todo sigue bien, podemos salir del hospital el sábado. Ana, nuestra amiga pintora, había organizado una comida con los amigos del colegio, pero hasta el último momento no sabíamos si Carlos podría asistir.

La alimentación con leche ha ido bien, y Carlos ha reiniciado su rutina. En medio de todo esto, un voluntario llamado Milton vino a jugar con él. ¡Justo a tiempo!

Sábado 17 de septiembre

Este diario se ha convertido en algo importante para mí. No quiero escribir por escribir, pero trato de reflejar lo que realmente vive Carlos. Hoy, confío en que el lunes pueda recibir el siguiente ciclo sin problema, aunque no dejo de pensar en la frase «no dejes para mañana lo que puedas hacer hoy».

Carlos pudo disfrutar de la comida con sus amigos del colegio. Se lo pasó genial y me preguntaba cuándo repetiríamos. Fue agotador, pero estuvo feliz.

Domingo 18 de septiembre

Carlos se acostó tarde después de un día estupendo con los niños. La ilusión y la compañía de sus amigos fueron la mejor medicina. Reflexionando sobre su enfermedad, pienso que todo cambio importante viene impulsado por la ilusión. Es esencial mantener la esperanza y las ganas de luchar. Quien pierde la ilusión no avanza.

Ahora son las 9:45 h, y tenemos que ir al hospital.

Lunes 26 de septiembre

El fin de semana fue bien, disfrutamos cada momento, aunque la obligación de dormir en el hospital por el antibiótico fue el único inconveniente.

Carlos ahora se plantea su situación, haciendo preguntas sobre su salud y el tiempo que podría pasar hasta estar completamente sano. Preguntó cuándo los médicos dejarían que se fuera a casa, comparándose con su amigo Javi, quien sigue con el portacath después de un año de enfermedad.

Carlos sigue más en contacto con la realidad exterior, comenzando a visualizarse sano.

Dios, te pido que Carlos mantenga su sonrisa.

Hoy nos dieron permiso para salir del hospital. El antibiótico será oral y no intravenoso, y aunque necesita sangre y le harán una transfusión, podremos ir a casa. Regresaremos el miércoles para una analítica y una resonancia que decidirán los próximos pasos.

Carlos deberá someterse a radioterapia, lo que puede afectar su aprendizaje, pero es un paso necesario.

Martes 27 de septiembre

La familia en casa, qué alegría. Carlos me llamó para pedir la botella para el pipí. Después, le di leche por la sonda y partimos hacia Son Dureta.

El responsable de radioterapia tenía dificultades al hablar, lo que me hizo pensar si podría ser por las radiaciones constantes.

El médico explicó el procedimiento y los efectos secundarios a largo plazo delante de Carlos, mencionando la pérdida de memoria y vómitos. Carlos, preocupado, me preguntó en voz baja sobre la pérdida de memoria.

Durante la simulación, le pusieron una máscara de red para inmovilizar su cabeza y marcaron puntos en su cuerpo. Fue elogiado por su capacidad para mantenerse quieto. Al salir del habitáculo, preguntó si podría vomitar, y le explicamos que solo era una simulación.

Luego le hicieron un TAC, y durante el proceso, recibió siete *tattoos*.

Elena habló con la profesora de Carlos, M.ª del Mar, sobre la educación a domicilio, y le comentó lo sucedido. Cuando le dijo que Carlos era uno de los mejores de la clase, M.ª del Mar corrigió diciendo que era el mejor.

Miércoles 28 de septiembre

Hoy debemos ir en ayunas al hospital para una analítica de sangre y una resonancia. Durante el trayecto, hablamos sobre la resonancia, y Carlos prefirió no ser anestesiado.

Una vez en el hospital, dejó claro que no quería dormir durante la resonancia, así que me quedé a su lado. Me preparé para leer mientras él pasaba por el proceso ruidoso, imaginando distintas carpetas de recuerdos felices como forma de distraer su mente.

Durante la resonancia, todo fue más tranquilo que la vez anterior, y aunque se pasó gran parte del tiempo dormido, su rostro reflejaba una confianza total.

Después, tuvimos que esperar bastante tiempo para salir. Carlos, tranquilo como siempre, no se quejó. Finalmente, logramos salir a las 17:00 h, pero al poco de irnos, descubrí que la rueda del coche estaba pinchada. Al cambiarla, me di cuenta de que estaba junto al helipuerto y Carlos mostró interés por los helicópteros.

Entonces, como si fuera una señal, apareció un hombre, un capellán del hospital, que se ofreció generosamente a ayudarme con el coche. Fue un gesto muy amable y reconfortante en medio de la incertidumbre. Gracias a él, sentí como si Dios estuviera enviando señales de apoyo en este momento tan difícil.

Jueves 29 de septiembre

Estamos en casa por tercer día. Aunque vamos al hospital casi a diario, el ambiente hogareño es un cambio positivo.

Hoy trabajé dando clases de piano, y en el hotel, mientras tocaba *River Flows in You* (de la película *Crepúsculo*), una mujer se acercó llorando. Esa canción era su favorita y coincidió con su último día de vacaciones. Este tipo de experiencias me hacen sentir la conexión profunda que la música puede crear. A menudo, toco *Naturaleza deseada*, la canción que compuse para Carlos, que nunca dejo de interpretar.

Por la tarde, Carlos y yo fuimos al helipuerto del hospital, donde vimos un helicóptero despegar. ¡Un momento impresionante!

Sábado 1 de octubre

Carlos, con pensamientos más claros, me preguntó cuándo se va a curar. Aproveché para decirle que, si pone todo su esfuerzo, se curará pronto.

Hoy, Malén vino a casa para hacer una sesión de visualización. Ella tiene una habilidad asombrosa para ayudar a Carlos a relajarse.

Le enseñó cuatro fases para alcanzar la visualización:

1. Relajación física: Empezar con la columna y los músculos, usando respiraciones profundas.

2. Energía: Visualizar un río de energía que recorre el cuerpo, desde la cabeza hasta los pies.

3. Emociones: Reconocer cómo se siente en el momento (triste, alegre, miedoso) sin necesidad de hablar de ello.

4. El yo interior: Visualizar la paz y la luz dentro de uno mismo, imaginando células que sanan y se regeneran.

Carlos ha comenzado a visualizar sus células como manchas blancas de pintura, y ahora está aprendiendo a «limpiar» esas manchas para sentirse mejor.

Viernes 7 de octubre

Carlos recibió tres bolsas de plaquetas y la inyección de Neupogen. Pensé mucho en la máquina de Bill Nelson, creador de SCIO, que indicaba que necesitaba más tratamiento inmunológico. Esa mañana, al ir en bici a comprar material para Carlos, me encontré con mis padres, que venían del hospital. Mi padre tiene un tumor maligno en el costado y será operado a finales del mes. Aún no saben lo de Carlos, solo que le sacaron un quiste. Hemos decidido no contarles la verdad por el bienestar de mi madre, que ya ha pasado por problemas de corazón. Aunque me cuesta, respeto la decisión.

Recuerdo a César, el marido de mi hermana, que falleció hace años. Cuando lo vi en el hospital, me dijo que le habían encontrado un horóscopo en su cuerpo, siempre con su humor. Mi hermana cree que el cáncer de César se debió a un trauma emocional relacionado con una herencia. En momentos difíciles, pienso que lo mejor es aceptar lo que viene, sin darle demasiadas vueltas.

Sábado 8 de octubre

En el hospital, Rosa, su enfermera favorita, estuvo de guardia. Carlos recibió tres bolsas de plaquetas y su nivel de leucocitos se estabilizó, lo que fue un buen signo. Parece que está ganando masa muscular, sus pasos son más ligeros y hasta corre por los pasillos. La recuperación será lenta, pero cada pequeño progreso es motivo de alegría. Recordé los días en la UCI, las largas noches en el sillón. Ahora, más que nunca, valoramos estar en casa los tres. Pido a Dios que sigamos así.

Martes 11 de octubre

Estar fuera es muy diferente que estar dentro. Los días pasan sin ser notados, y el cansancio y los dolores físicos desaparecen poco a poco. Hoy se cumplen cuatro meses desde que Carlos ingresó al hospital. Ayer le transfirieron tres bolsas más de plaquetas; sus defensas están muy bajas. En diez días se le hará la aféresis y empezará la radioterapia si sus defensas lo permiten.

Un miembro de rehabilitación sugirió que Carlos recibiera más sesiones, pero respondí que solo lo haría los días de analíticas.

A veces me siento frustrado por la falta de constancia en el sistema de salud, pero no quiero quejarme demasiado.

Domingo 16 de octubre

Hoy he decidido cambiar mi enfoque de la vida. Creo que somos parte del universo y que nuestras acciones influyen tanto en el futuro como en el pasado. Me pregunto si vivimos en varias dimensiones a la vez, al igual que en la física cuántica. Si el pensamiento puede influir en el agua, ¿qué puede hacer para nosotros? Debemos cambiar nuestra forma de pensar y ser positivos, porque la mente crea nuestra realidad. He sentido que algunas situaciones en mi vida han ocurrido por coincidencia, y eso me hace pensar que tal vez estoy más conectado con el universo de lo que creo. Carlos pasó un gran día en la caseta de campo, jugando con sus primos y amigos. Sin embargo, comenzó a sentir dolor en el costado derecho, posiblemente muscular, por lo que se lo comentaremos a la doctora mañana.

Jueves 27 de octubre

Hoy analítica, y nos dicen que no hay que volver hasta la semana próxima.

Carlos ha hecho la visualización de nuevo, lleva dos noches seguidas. Ayer limpió dos manchas, una azul, que, según Colette, es una célula en reposo.

Tuvo dolores extraños, pero al final, con las gotas del Dr. Tolo, se recuperó.

El lunes llega la nueva profesora, un apoyo más.

¡*Pinocho* está terminado! Lo llevaremos al colegio cuando termine el curso.

Lunes 31 de octubre

Carlos quería salir a pedir «truco o trato» y quizás se junte con amigos. La fiesta gana fuerza en Mallorca, donde los niños se disfrazan y salen pidiendo chuches. Fui al homeópata, el Dr. Tolo, quien me dijo que las defensas de Carlos están bajas y tiene pocos glóbulos blancos, aunque no vamos al hospital hasta el jueves. Sobre el psicólogo, recomendó que fuera alguien conocido, como Malén, ya que ella está acostumbrada a trabajar con niños en su situación.

Malén opina que no es necesario el psicólogo, pero el trabajo de exteriorizar las emociones a través de juegos y actividades como golpear la cama o usar cojines puede ser útil. También debemos crear un espacio donde pueda expresar lo que piensa sin miedo a que se divulgue.

Viernes 4 de noviembre

Las defensas de Carlos están mejorando, aunque la administración de leucocitos se canceló por un inconveniente con el catéter. Mientras tanto, conocí a un vecino que reza por Carlos y me pidió que le escribiera una carta a la Virgen del Socorro.

Carlos celebra su santo con libros, juguetes y una tarta. En el colegio, le cantaron y le regalaron dibujos, cromos y una cartulina gigante con las huellas de los niños. La profesora sugirió que Carlos asistiera a clase un par de horas a la semana, pero eso podría afectar el servicio del profesor en casa. Lo consideraremos.

Jueves 10 de noviembre

Carlos continúa con su proceso de sanación tanto física como emocional. En su sesión con Malén, se establece un espacio sagrado donde nadie puede estar presente. Sin embargo, desde otra habitación, escucho gritos y golpes, una manifestación de la rabia contenida que Carlos está liberando. A pesar de su temperamento fuerte, ya no me usa como «saco de boxeo», aunque sigue sintiendo el impulso de luchar

Malén también descubre que Carlos posee una gran concentración y una capacidad especial para enviar energía a través de su mano derecha. Por ello, le recomienda tocar diferentes superficies para mejorar su sensibilidad y percepción a través del tacto.

Más tarde, visitan al psicólogo junto con Elena. Durante la sesión, el especialista capta rápidamente la dinámica familiar y confirma lo que ya intuían: Carlos percibe la tensión en la relación de sus padres. Sin embargo, enfatiza que, en este momento, la prioridad es Carlos y su bienestar. Después de diez minutos con el niño, concluye que no hay señales de un problema psicológico grave, sino una adaptación natural a la situación.

Viernes 11 de noviembre

Hoy se cumplen cinco meses desde que empezó todo. Siempre he oído que Carlos, clínicamente, está bien. Tiene un estado de salud bueno, salvo por las dificultades que le ha dejado la operación. Cada vez da pasos más firmes y ya empieza a correr. Ayer quería ir en bicicleta hasta el barco Rafael Verdera. Tendremos que cogerla un día de estos.

Pasamos un día increíble en el barco con la familia del *Verdera*. Desde aquí les envío un abrazo constelar. Ellos, como muchos otros amigos, están contribuyendo a la mejoría de Carlos, apoyándonos no solo emocionalmente, sino también en el cambio alimenticio que estamos tratando de adoptar tras todo lo que ha pasado.

Lunes 14 de noviembre

Hoy le pedí a Carlos que dibujara la visualización que hace para combatir las manchas. Le hablé del cerebro y la columna vertebral, donde están las manchas, y de la quimioterapia y la radioterapia, que son soldados aliados junto con los leucocitos para atacarlas. Por segunda vez, le dije que la enfermedad se llama **cáncer**. No le prestó mucha atención a la palabra, así que la dejé pasar. No creo que se acuerde en este momento.

Según el libro *Recuperar la salud* de Carl Simonton, guiarlo a través de dibujos es fundamental. Carlos dibujó una mancha bastante grande en comparación con la linterna que usaba para reblandecerla. La luz que emitía no llegaba a tocarla del todo. Le expliqué que, aunque la linterna sea pequeña, su rayo de luz puede ser enorme, al menos del tamaño de la mancha, para ser más efectivo. En unos meses haremos otro dibujo para ver su progreso.

68

Miércoles 16 de noviembre

Anoche acompañé a Carlos en la visualización, paso a paso, empezando por las respiraciones y terminando con las células, recibiendo la información de cómo tienen que estar: contentas y disfrutando. Se vio a sí mismo jugando y corriendo como lo hacía antes. Terminé diciéndole que la visualización es muy importante. Si hay que estar un rato largo con la pistola de chorro de agua caliente deshaciendo la mancha porque es grande, habrá que hacerlo. Si seguimos todo el proceso sin apurarnos, lleva más de un minuto.

Los días pasan rápido, pierdo la noción de en qué día estamos. Ayer teníamos cita con Malén y se me fue de la cabeza. ¿Cómo pude olvidar algo tan importante? La llamé, le expliqué lo sucedido y quedamos para el próximo viernes.

Y bien por la analítica, que ha salido estupenda. Palabras del doctor «de los calzones caídos»: las defensas han subido. El viernes ingresa al hospital a las 8:00 h para inyectarle refuerzos para los leucocitos. El lunes le harán una analítica y, según cómo salga, el mismo día le colocarán el catéter y al día siguiente le harán la extracción de células madre.

Salimos del hospital y caminamos a casa de Audrey. Conocimos a Val, un amigo suyo que hacía de traductor. Un hombre sabio, conectado con el cosmos, natural, simpático y feliz. Tocaba el trombón de varas en un bar de música en vivo en el «Barcelona», pero el tabaco le redujo la capacidad pulmonar en un 27 %. Hace siete años le diagnosticaron cáncer y hoy, si tiene algo raro, acude a la máquina de Audrey y mantiene una alimentación sana. Cree que no hay que alimentar el cáncer: la leche, las carnes rojas y el azúcar son su combustible.

Cuando le diagnosticaron, Val Tormey se negó a quedarse en el hospital. Pensaba que allí terminaría su vida y decidió curarse él mismo. Espero conocerlo más a fondo, puedo aprender mucho de él. Dice que: *¿Cómo una persona puede tener un pensamiento del tamaño de su cocina dentro de la cabeza?* Si dicha cocina es más grande que su cabeza. Según él, hay que explorar diferentes dimensiones. Yo no entiendo nada. Algunas ideas las relacionaba con el libro *¿Y tú qué sabes?*

Lo que más me impresionó fue cuando dijo que todos somos parte de Dios y que deberíamos actuar como tal. No es la primera vez que lo oigo, lo he leído en libros, pero escucharlo en persona es distinto.

La máquina trabajó en el cerebro, la médula ósea y la columna vertebral. Al final, Audrey vio en la pantalla que Carlos había mejorado un 50 % desde el inicio de la sesión.

Me preguntó cómo me sentía desde que me conectó el sábado, porque me veía más activo, con mejor aspecto, no tan apagado. La verdad es que me siento mejor. Repetiría la experiencia.

Domingo 20 de noviembre

Hoy me propongo relajar el cuerpo y activar la mente. Deseo, pido y transmito al universo, porque yo muevo los hilos de mi vida. Pero también hay normas: no criticar, no juzgar, no gastar energía en lo que no vale la pena. Todos estamos en evolución, intentando cambiar. Si guardo rencor hacia alguien, lo libero imaginándolo afortunado, visualizándolo feliz. Si alguien me increpa en la calle, lo veo liberándose del estrés. Si escucho una ambulancia, envío mis ángeles para sanar a quien lo necesite.

Soy parte del cosmos y tengo una función: vivir, traspasar el conocimiento y sentir la conexión con lo infinito. La vida cambia, y llega un punto en el que ya no te desvives por nadie más que por ti mismo. Puedes vivir el deterioro del cuerpo o rejuvenecer espiritualmente.

Hoy en el hospital tocamos música y pintamos. Carlos y María escribieron las notas de *Jingle Bells*, y con Ana comenzamos un lienzo de un belén. Surgieron preguntas trascendentes. No tengo todas las respuestas, pero hago lo posible por aliviar el miedo sin mentir. Carlos quiere saber si se curará después de la aféresis. Le explico que primero vendrá la radioterapia, luego la resonancia. Me preocupa no decirle lo correcto.

Carlos sigue con su energía desbordante, corriendo por la planta con su cámara, decorando fotos del personal. No pasa desapercibido, su luz sigue brillando.

Carlos ha pasado buena noche. Para que coma algo, le preparé una receta de la Titi: hígado de bacalao con queso fresco. Le encanta. Aunque lleva conservantes, sigo soñando con el día en que en casa no entre ni una «E».

Lunes 21 de noviembre

¡*Bon día*! Aquí en el hospital, todo sigue igual. Parece que algunos siguen sin aprender, el ruido, la falta de atención a los detalles… Pero respiro y dejo pasar la frustración. No vale la pena aferrarse a lo que no puedo cambiar.

Hoy Carlos ha tenido analítica. Una máquina comenzó a sonar y la enfermera, ocupada con la extracción de sangre, no la apagó. La puerta tampoco cerraba bien, así que me levanté varias veces para amortiguar el bullicio del pasillo. ¿Dónde quedó el respeto al descanso de los pacientes? Pero esto es parte del sistema, así funciona.

A veces pienso en lo diferente que sería si en lugar de solo medicamentos, hubiera opciones: risoterapia, estimulación, cromoterapia, visualización… Sanar no es solo cuestión de fármacos, también de mente, de emociones.

Dejo a Carlos en el aula del hospital y vuelvo a la habitación para escribir. Este diario me tiene atrapado, me ayuda a no pensar demasiado en otras cosas. Mañana será la aféresis en UCIPED. Hay que prepararlo bien, llevarle la maquinita, el ordenador, su libro de Kika (ya va por el tercero en una semana). Cuando se pone a leer, es imparable. También hemos leído *El guardià del somnis*, un libro maravilloso que nos recuerda que los niños han dejado de soñar porque han perdido la imaginación. Todo es cuestión de ejercitarla.

Miércoles 23 de noviembre

A las 16:00 salimos del hospital. Por la noche, viendo el Barcelona jugar, me emocioné. Tenía a Carlos a mi lado y no dejaba de observarlo, pensando en todo lo que había pasado en la UCI.

A veces me preguntan cómo lo llevo, y siempre respondo que bien, gracias. Si antes me volcaba completamente en mi hijo, ahora siento que no soy nada sin él. Si él está bien, yo también lo estoy. Si él está mal, tengo que estar bien para él.

Recuerdo que una vez alguien me sugirió que me diera un respiro, que lo dejara dar un paso solo, porque podría enfermar y es difícil estar siempre pegado a alguien. Pero veo que Carlos, en su medida, ya es autosuficiente. Solo con que yo esté a su lado y sienta mi presencia es suficiente. Si me necesita, se acerca.

La muerte nunca fue un pensamiento constante en mi vida, pero cuando aparece, la cuestiono. No puedo aceptar que se lo lleve sin haber batallado y sin haber hecho lo suficiente. Si Carlos vino al mundo con este contrato, supongo que también llegó con el día en que dejaría su cuerpo. Todo lo que él viva, lo viviré yo con él. Agradecemos cada día que nos regalan.

Esta experiencia nos ha dado tanto amor, fuerza, esperanza y gratitud. Una fuerza interior siempre me ha mantenido en pie. Recuerdo el día de la operación, cómo me sentía tranquilo, como si supiera que todo iba a salir bien.

Tras tantas pruebas, operaciones, tratamientos, solo puedo pensar en una cosa: Carlos no tiene intención de rendirse. ¡Gracias, mi niño!

Martes 29 de noviembre

Radioterapia. Me da miedo escuchar o ver esa palabra. Ha sido un largo tiempo de espera para llegar hasta aquí, y la verdad es que la quimioterapia ya fue un camino muy difícil. En uno de esos tratamientos, una neurona explotó, o al menos así lo explicaron las batas blancas después de muchas pruebas.

Recuerdo una reunión en la que les dije que veía a Carlos luchando por la vida, mientras que ellos, los médicos, simplemente se movían de aquí para allá. No hacía falta decirme nada; solo les pedí que siguieran trabajando. Las palabras a veces no ayudan.

La radiación va tanto a la cabeza como a la columna. Los efectos secundarios afectan la cognición y el crecimiento. Son solo 10 minutos, y según me dijeron, la radiación es mínima. La siguiente sesión no se puede hacer hasta pasadas ocho horas. Esta tarde, no podrán hacerlo hasta las 18:45.

La primera sesión fue bien, Carlos se portó bien y no necesitó sedación. Tenían un regalo para él si se comportaba, y al salir reclamó su muñeco monstruoso. Para prevenir los vómitos, debe tomar una pastilla media hora antes, pero esos medicamentos tienen efectos secundarios que pueden causar convulsiones, dolores de cabeza, estreñimiento, entre otros.

Esta tarde los dolores de cabeza han aumentado. Me dijeron que debería tomar corticoides para los efectos de la radioterapia. Carlos no ha tomado la pastilla para los vómitos, y son las 20:41, pero no ha vomitado. Ahora está dormido en el sofá, lo que me alivia, porque mientras duerma no sentirá el dolor. La radioterapia puede causar dolor de cabeza, porque se irradian grandes áreas del cerebro.

La tarde no ha sido fácil. Durante la segunda sesión, Carlos lloraba, no quería entrar sin su madre. Cuando salió, le dieron un regalo: una goma de borrar enorme, que dura mucho, y un bolígrafo con el logo de Son Dureta. Esta noche me ha preguntado si todos los días tendrá ese dolor de cabeza.

Hoy me siento vulnerable, pero también agradecido de que, a pesar de todo, seguimos adelante. La batalla es larga, pero cada paso nos acerca a la sanación.

Sábado 3 de diciembre

Hoy ha sido un día mejor que ayer, y siento que el cuerpo de Carlos está respondiendo de manera positiva. Ya no tiene dolor de cabeza, lo que me hace sentir aliviado. Sus movimientos se sienten más fluidos, ya no tan rígidos, y eso me da esperanza. Aunque sé que la medicación, como la cortisona, tiene efectos secundarios negativos, no puedo negar que ha hecho su trabajo al neutralizar el dolor, y eso es lo que más necesito en este momento.

Algunas personas rezaron mucho por él, y aunque no puedo saber con certeza si su estado mejoró por ello, la fe es poderosa, y la esperanza nos mantiene adelante.

En medio de la incertidumbre, he aprendido a aceptar todo tipo de ayuda, incluso si proviene de fuentes que en un principio ni entendía. Mi amigo me dijo que estaba aferrándome a todo, y es cierto. Pero también sé que, en este momento, cualquier cosa que pueda ayudar a Carlos es bienvenida.

Martes 6 de diciembre

Hoy, después de una sesión de SCIO que duró dos horas y media, pude sentir una vez más la importancia de todo lo que estamos haciendo por Carlos. La máquina mostró un nivel celular energético de 10 sobre 10, lo que me da una sensación de que estamos en el camino correcto. En casa de Audrey, Val, un hombre que siento que tiene una sabiduría profunda, me enseñó algo que nunca había considerado. A través de sus palabras, me di cuenta de lo poderosa que puede ser la energía de los pensamientos. Él rezó por el agua de Carlos, infundiéndole amor y energía del universo, y me dijo que eso mismo lo podría hacer Elena cada vez que le sirviera agua. Pensamientos de amor, no solo para Carlos, sino también para todos nosotros.

La enseñanza de Masaru Emoto sobre el poder de los pensamientos y el agua me resonó profundamente. Si los pensamientos pueden afectar una gota de agua, ¿qué no pueden hacer los nuestros con nosotros mismos? Es un recordatorio de que debemos cuidar nuestros pensamientos, nuestra energía. Este enfoque de sanación, que también incluye meditación, alimentación consciente y una conexión profunda con el universo, se ha vuelto central en nuestra vida. Estoy aprendiendo tanto sobre la sanación, la energía del cuerpo y cómo vivir con una conciencia abierta.

Desde que Carlos está en esta situación, mi visión del mundo y de la vida ha cambiado. Los libros que leo ahora son sobre sanación, energías, y cómo crear nuestro futuro a través de los pensamientos. Agradezco profundamente a Audrey y Val por todo lo que están haciendo por Carlos.

Ellos me han mostrado un camino lleno de esperanza y posibilidades. Cuando Audrey me pidió que escribiera un testimonio para su web, sentí que era el momento de compartir mi experiencia: aunque Carlos está recibiendo tratamientos muy duros, he notado que cada sesión de SCIO lo ayuda a rejuvenecer, a recuperar fuerza, y a sentir menos rigidez en su cuerpo. A veces, las sesiones de SCIO han coincidido con los resultados en las analíticas, lo que me reafirma en que estamos tomando las decisiones correctas.

Sé que el camino es largo y difícil, pero también sé que haré todo lo que esté en mis manos para ayudar a Carlos. Y le agradezco de corazón a Audrey por estar aquí, apoyándonos en cada paso.

Jueves 8 de diciembre

Hoy hemos visitado el Monasterio de Lluc, un día soleado y lleno de paz en la sierra de Sa Tramuntana. Carlos, rodeado de su familia, pidió a la Virgen de Lluc que le ayudara con las manchas de pintura blancas, que siento simbolizan muchas de las batallas que está atravesando. Rezamos y encendimos velas, pidiendo por su bienestar y fuerza.

El día ha sido tranquilo, casi como una tregua. Con respecto a la radioterapia, estamos en un momento de descanso, pero el lunes reiniciará las sesiones. Sin embargo, gracias a la pastilla, parece que está llevando bien las radiaciones, y lo más importante: no ha vuelto a tener vómitos. Siento que, en este tiempo de calma, la fe y la esperanza nos están guiando.

Viernes 17 de diciembre

Hoy Elena me mostró la almohada donde Carlos había dormido, y estaba llena de pelos. Los efectos secundarios de la radioterapia ya están comenzando a notarse. La enfermera Nieves nos dio una crema para evitar que la piel de Carlos se escame en la espalda, el pecho y detrás de las orejas, y así prevenir el escozor. A pesar de todo esto, Carlos sigue adelante con valentía.

Ayer, Carlos fue invitado a una merienda organizada por Rubén, el entrenador de su equipo de fútbol, el Sporting Ciutat de Palma. Fue un bonito gesto, y además, el equipo está en segundo lugar en la liga, preparándose para enfrentarse con los primeros. Aunque los días son difíciles, estos momentos de alegría y apoyo hacen que todo valga la pena.

Lunes 19 de diciembre

A solo cinco días de la llegada de Papá Noel, le pido con todo mi corazón que mantenga a Carlos lleno de energía y que sus defensas suban para poder enfrentar cualquier adversidad. Hoy, a las 9:05, estamos en el hospital para una analítica, con la esperanza de que las defensas de Carlos estén bien, especialmente después de que la máquina SCIO trabajó para fortalecerlas. Sin embargo, el resfriado que ha cogido podría complicar las cosas, y no sabremos si podrá asistir a la sesión de radioterapia hasta dentro de unas horas.

A lo largo de la mañana, se le realizaron varias pruebas: análisis de sangre, de moco, de garganta, y la colocación de un punto de sutura que sujetaba el catéter que se despegó mientras jugaba con la pelota. A las 12:30, el doctor me informó que las defensas de Carlos están bien, pero las plaquetas están bajas. Por lo tanto, no podrá asistir a la radioterapia a menos que el jefe de radio decida lo contrario. El resfriado ha resultado ser común, y solo necesitamos vigilarlo. Aunque, por poco, no nos cruzamos con mi padre en radioterapia. Él también va a recibir sesiones para prevenir metástasis, pero en un lugar diferente, para que no se relacionen.

Hoy he reflexionado mucho sobre lo que he leído respecto al cáncer, y me cuesta aceptar que, según algunos, el cáncer es un proceso de curación, un proceso donde el alma se está sanando. Como Val dice, tenemos que dar gracias por sanar el alma. No sé si comparto completamente esa visión, pero lo que sí sé es que cada día me esfuerzo por tener fe, por encontrar paz en medio de todo.

Martes 20 de diciembre

La sesión con Audrey ha durado dos horas y media. Nos preguntó si teníamos prisa, ya que quería continuar trabajando con Carlos. La ayuda de Audrey y Val con la traducción no tiene precio, y Audrey nos propuso vernos el próximo viernes para otra sesión. Durante la sesión, la máquina registró algo relacionado con los dientes, lo cual confirmamos al recordar que el «ratoncito» había venido hace unos días, además de registrar la caída del cabello.

Luego nos mostró unas pulseras con piedras de diferentes colores, las cuales dan energía al cuerpo. Encargamos una pulsera roja, el color preferido de Carlos, y fue sorprendente comprobar su efecto. Al sostener un teléfono móvil sobre el corazón con una mano, y con la otra levantada en horizontal, se pudo resistir la fuerza ejercida por otra persona en el brazo. Sin la pulsera, el brazo se debilitaba, pero con ella, mantenía su fuerza. Esto demuestra que el móvil no es bueno para el cuerpo, pero la pulsera protege la energía.

Recuerdo haber visto algo similar en un documental, donde no había colgantes, solo la acción de mantener el brazo en horizontal. Si alguien mentía, el brazo no podía mantenerse firme, pero si decía la verdad, el brazo resistía. Este principio se conoce como quinesiología. El Dr. Dyer, que realizó el experimento, comentó que al mentir, el cerebro no actúa correctamente, lo que provoca que los músculos, incluido el corazón, se aflojen.

Probamos el experimento con la pulsera y, sorprendentemente, el brazo mantenía su fuerza, incluso si mentíamos.

Esta experiencia confirma que la energía espiritual del cuerpo puede mantenerse intacta a pesar de las influencias externas.

Viernes 23 de diciembre

Val, con su sabiduría, compartió reflexiones profundas. Dijo que todo está en continuo movimiento: la sangre, el agua, el aire; todo recorre su propio camino, el Tao del Tao Te Ching. Si algo quiere influir en nosotros, lo hace porque sigue ese camino, y cuando aparece, también se va, según su propio destino. Nos invitó a aceptar sin juicio, sin clasificar lo que está bien o mal. Todos llevamos caminos diferentes, y a veces, esos caminos se cruzan por alguna razón, como ocurrió con Carlos. Si no fuera por él, no nos habríamos conocido.

Val compartió que su vida cambió por completo después de haber tenido cáncer. Aunque ya a los 19 años tenía una visión peculiar de la vida, esa experiencia la transformó. Lo que le ocurre ahora es positivo, muy positivo. Su visión de la curación es clara: todos tenemos el poder de sanar, dependiendo del enfoque que le demos a la vida. Si alineamos nuestra mente con la vida, podemos percibir los poderes de la mente, la naturaleza y el universo. En su casa, tiene botellas de agua a las que ha transmitido pensamientos de amor, guardadas en una caja con mensajes de agradecimiento. Para él, lo primero es enfocar la mente en el agradecimiento, estar agradecidos por tener un cuerpo inteligente, conectado al universo. Cuando siente dolor, pone sus manos sobre la zona afectada, agradeciendo el proceso.

Miércoles 28 de diciembre

No entiendo por qué Carlos no ha cogido peso, especialmente cuando hemos pasado de darle 600 ml a un litro más o menos. Debería notarse un cambio. La analítica de hoy está bien, dentro de los límites normales.

Según la doctora, la pérdida de peso es un efecto secundario de la radio, pero considera que la nutrición nocturna a través de la sonda es beneficiosa.

Sábado 31 de diciembre

Mi deseo, al comer las uvas, será que el nuevo año nos traiga nuevas experiencias y que el «extraño» se funda con la luz y todo el «ejército» que lo acompaña.

A mi padre le deseo que «su extraño» no se extienda ni reaparezca. Que la fuerza del universo lo acompañe.

Carlos, al comer las uvas esta noche, pedirá ponerse bien. Pedirá a todos los que puedan ayudar, por si uno no funciona, que el otro lo haga, siempre habrá otro. Esas fueron sus palabras textuales.

Está claro cuál será el deseo de Elena y de mucha gente esta noche. La fuerza de ese deseo puede atravesar el universo y, cuando regrese, el «extraño» ya no existirá. Ese pensamiento tendrá tal fuerza que se sentirá. Muchas personas pensando lo mismo pueden mover montañas.

Hoy, llegados hasta aquí, solo puedo dar gracias… gracias… Gracias. A toda la gente que ha ayudado y está ayudando a Carlos.

Lunes 9 de enero de 2012

Hace unos días, en este diario, hablaba de cambiar, de vivir de manera diferente, de pensar diferente. Ahora, mis lecturas también lo reflejan; los libros que leo ya no son los mismos de antes. Conversaciones con amigos, documentales y las posturas ante la vida de algunas personas me han llevado a buscar libros como el *Tao Te Ching*, un texto de 2600 años que enseña la inmensidad del camino (Tao) que recorremos, el cual regresa siempre al principio, pues no hay ida sin retorno. Habla también de la virtud (Te) y la armonía (Ching) entre el cielo, la tierra y el hombre.

Otro libro que encontré interesante es uno de un japonés, hijo de médicos, sobre *Jin Shin Jiutsu*, que trata de la sanación de cualquier dolencia con solo sujetar ciertos dedos de la mano. Es de muy fácil aplicación. En este libro, como en otros, se menciona que el miedo es la raíz de todos los males. Al sujetar el dedo índice de una mano con la otra, se hace que la energía fluya y desaparezca el miedo.

Ahora estoy leyendo *Curso de milagros*, un libro dictado por Jesús a Helen Schucman en 1965. Siento que no estoy todavía preparado para comprenderlo por completo. Entre tanto, leí *Minyonia d'un infant orat* de Llorenç Riber, un libro antiguo que se encontraba en las vitrinas del Monasterio de Lluc.

No sé adónde me llevará tanta información mística. Antes era incrédulo respecto a estas cosas. Cuando leo el libro de Catequesis de Carlos, siento que no puedo aceptarlo tal como está escrito, pues proviene de la mente humana, y se enfoca demasiado en el pecado, el mal, el infierno y el demonio. Esos miedos son los que debemos apartar de nuestras vidas. El niño, con la pureza del alma, se distorsiona al crecer, y eso es culpa de los adultos, que enseñamos nuestras impurezas. Creo que ahí radica el enfoque erróneo que le damos a la vida, y deberíamos cambiarlo.

Deberíamos haber aprendido de los indios, respetando la tierra que veneraban en lugar de despojarlos de ella. Si observamos el actuar de un niño, nos enseña muchas cosas que tenemos dormidas en nuestro interior. Y si pedimos a los abuelos, nos darán los remedios más apropiados.

Martes 10 de enero

Vuelta al cole, vuelta a la normalidad, a los días «sin» maquinita, «sin» televisión. Sin problemas, Carlos ha aceptado el cambio, y supongo que días atrás ya lo tenía claro. Sabía que, llegado este día, haríamos una pausa a las muchas horas que habíamos pasado con la máquina. Hemos vuelto a la lectura, al piano, a los juegos de mesa. En definitiva, hemos regresado a una vida normal, dentro de una situación especial, incluso hemos jugado los tres juntos a un juego de mesa. No recuerdo haber hecho algo así antes.

Esta noche, al acostarse, le pedí que hiciera la visualización como todas las noches, pero me respondió que no hacía falta porque casi, casi, está bien. Sólo tiene algunas manchas, pocas y pequeñas. Le dije que no sólo debía mirar su cabeza, sino también su columna vertebral.

¡Día grande el de hoy!

Jueves 12 de enero

Carlos se levanta de dormir, y la pregunta es: ¿qué toca hoy? Cada día me lo pregunta, y enseguida se queja, diciendo: «¡Jope!». Se queja porque nos quitan horas de sueño. Es importante que haga la siesta, porque de no ser así, le falta descanso. Antes me despertaba sin necesidad del despertador, ahora lo necesito para no quedarme dormido.

Los días siguen pasando muy rápido, y para el final de la semana, faltarán 16 sesiones. Si todo va bien, las sesiones restantes podrían terminar el martes 24 de este mes. Todo depende de las defensas. Pido que así sea, pido al Creador que cuide de las defensas de Carlos y que no tengamos que interrumpir las sesiones.

Lunes 16 de enero

El techo de la habitación de Carlos está cubierto de estrellas pegadas al techo, formando auténticas constelaciones como la Osa Mayor, la Osa Menor, las Pléyades, Casiopea y Tauro, con su posición bastante precisa. Incluso hemos añadido el sistema solar (representado con balones de playa) con el sol y sus planetas, hasta Plutón, que ya no es considerado un planeta. Le conté a Carlos lo que sucedió con Plutón, y parece que lo recordará toda la vida, no se lo puede sacar de la cabeza. ¡Qué curioso es enseñar a través de anécdotas!

Además, desde su estancia en el hospital, «sa Titi», su tía del alma, le ha traído gemas, y hemos hecho un pequeño jardín Zen. Es una bandeja gris con arena morada, en la que hemos colocado varias piedras con significados especiales:

Lapislázuli: Relacionada con el aire y el signo de Acuario, abre el chacra del corazón, los sentimientos, la comunicación y la curación.

Malaquita: Llamada la Piedra del Rey, se dice que el grial estaba hecho con este mineral verde, y está vinculada a Venus, el amor terrenal que se eleva hacia el amor sagrado.

Cuarzo blanco: Simboliza la luz.

Cuarzo rosa: Piedra del amor y la paz infinita, abre el corazón y proporciona curación y autoamor en momentos de crisis.

Citrino: Atrae la riqueza en todos los sentidos y está ligado al poder del sol.

Amatista: Piedra protectora y tranquilizante natural.

Turmalina Negra: Transforma la energía densa en una más ligera.

Además, hemos colocado algunos cactus por toda la casa, los cuales absorben las radiaciones de internet, teléfono y televisor. También hay una espada de acero colgada en la pared apuntando al norte. Su mesa de escritorio, de color rojo sangre (su favorito), ha reemplazado al escritorio infantil que casi no usaba. Hoy, además, fuimos a una tienda a comprarle un colchón nuevo, y eligió uno de soja con materiales naturales, coincidiendo con mi elección de hace unos días.

Dentro de poco, tendrá una pecera, que le regalan Vicky y Toni. Todo esto está inspirado por el Feng Shui, que habla de la energía negativa y positiva, el «cha» y el «ch'i», relacionados con el ying y el yang. La espada, según el Feng Shui, aporta seguridad y felicidad, la pecera da vida, y el escritorio rojo acentúa la concentración. Todo esto hace que la energía fluya libremente, sin estancarse. Y lo más importante de todo: todo esto está cargado de intención. Casi todas las piedras están programadas por él, y ya se sabe, si un pensamiento puede alterar las moléculas del agua...

Jueves 26 de enero

El 14 de noviembre hizo su primer dibujo de la visualización, su guerra particular contra "el extraño". Hoy ha realizado otro dibujo en el que se aprecia una luz más intensa, sin espacios vacíos, que abarca una mayor área y tiene contacto con la mancha.

En comparación con el primero, donde la luz era solo un conjunto de hilos cortos y pequeños que no alcanzaban la mancha, esta nueva representación muestra un cambio significativo. Antes, la mancha se percibía mucho más grande y con la impresión de movimiento. Sin embargo, ahora parece estar estática, sin movimiento, en reposo.

Jueves 26 de enero

La esperanza es un bien que permite enfocar la mente hacia un objetivo, hacia un futuro. A veces, la vida nos sumerge en un remolino de incertidumbre, pero aferrarnos a la esperanza nos da fuerza para seguir adelante. Ahora vivo de una manera más consciente, me conecto con todo lo que me rodea, especialmente con el agua, a la que doy amor y gratitud, pidiendo que sane a quien la beba.

Hoy, Carlos ha sorprendido a todos con un peso de 21,7 kg, lo que nos llena de esperanza. En el hospital, hemos recibido buenas noticias y hemos regresado a casa con nuevos suplementos para probar. En la escuela, sigue avanzando bien, y en sus clases de dibujo y piano, progresa mucho.

Estuvimos con el Dr. Tolo. Nos dijo que aún retiene algo, pero que está mejorando. Cambiará sus tratamientos con gránulos y flores de Bach para ayudarle a ganar peso, mejorar su digestión y tratar las quemaduras de la radioterapia. También nos habló sobre sus emociones y enfados, sugiriendo que se intensifiquen para liberar lo que está reteniendo.

Martes 31 de enero

Ayer noche recibimos una llamada del hospital informándonos que la resonancia local de Carlos se realizará el viernes. A pesar de que Carlos ha decidido no usar sedación, el anestesista estará presente por si es necesario intervenir. La situación en el hospital de Son Espases es complicada debido a los recortes en sanidad, y los médicos, aunque preocupados, lo toman con humor. Nos comentaron que ahora, en vez de recibir cajas de suministros, solo te dan lo esencial.

Val, quien nos ha acompañado durante este proceso, nos ha enseñado sobre la ubicación de los chakras en el cuerpo y me recomendó leer *Conversaciones con Dios* y *Más contento que Dios* de Neale Donald Walsch. Esta experiencia está llenando nuestra vida de aprendizaje y esperanza.

Viernes 3 de febrero

Hoy, me he concentrado en intentar unirme a Carlos en los sueños para trabajar juntos en su sanación, en un nivel espiritual. Val me sugirió que primero hablara con él y le explicara mi propósito. Carlos debe estar relajado, dormido, para poder conectar, pero hasta ahora no lo he logrado. Mi objetivo es ayudarle a atacar esas células que no están funcionando correctamente. Me pregunto si mi enfoque es el adecuado, o si Carlos solo busca otro tipo de interacción en los sueños.

La resonancia de hoy es un momento clave. He explicado a Carlos la importancia de este proceso para evitar más sesiones de radio. A pesar de sus preguntas, como si la radio afectara su crecimiento de cabello, su actitud parece calmada. Durante la visualización, le pregunté cómo lo había sentido, y me dijo que vio dos, lo que me da esperanza.

Hoy, mientras nos preparábamos para la resonancia sin anestesia, sentí la conexión con el Universo. Oré para que Carlos estuviera en armonía con todo lo que lo rodea. Mi mente también viajó hacia Sito, quien siempre estuvo a nuestro lado con su energía especial. Recordé esos momentos compartidos y deseé algún día volver a cruzarme con él.

La resonancia fue intensa, pero Carlos la enfrentó con valentía. No se movió, solo usó sus dedos para comunicarme su presencia. Gracias a la protección de los tapones y los cascos, el ruido fue menos perturbador. El doctor me informó que la «mala energía» se había reducido a la mitad, lo cual es una buena noticia, aunque todavía queda un largo camino por recorrer. La espera de los resultados es un recordatorio de que debemos confiar en el proceso.

Sábado 4 de febrero

Son las 7:30 de la mañana. Todo está cubierto de blanco, sigue nevando sin cesar. Parece que esta nevada marcará la historia en Palma.

A veces no percibimos los mensajes que el universo nos envía. Hoy, Carlos me ha dejado uno en forma de imagen: sin querer, ha puesto en mi teléfono una foto de Elena en el hospital, esperando para la resonancia. Podría haberla quitado, pero ahí sigue. ¿Será una señal? Tal vez hay algo que debo ver y comprender.

Carlos tiene una gran resistencia a la autoridad, no admite errores ni que le repitan las cosas. Quizá guarda una retención, una carga emocional hacia nosotros, sus padres. Me lo han señalado varias personas, y ahora el mensaje me golpea de frente. Su forma de ser refleja algo más profundo, algo que trasciende su carácter. Elena, sin darse cuenta, tiene ante sí una gran lección. Su hijo será su maestro. Yo, por mi parte, prefiero observar sin intervenir.

Carlos se proclama «el rey». Quién sabe quién le dijo esa frase, pero él la ha tomado como propia. No lo hace por maldad, sino con gracia, con alegría. Me pregunto cuántos «reyes» hay en cada familia, cuántos roles asumimos sin darnos cuenta.

En Navidad me regalaron un libro: *Podemos tener Esperanza*. Relata la historia de unos padres y sus hijas, que a pesar de las enfermedades autoinmunes, han encontrado la manera de vivir con luz. Me identifico con esos padres incansables, con su lucha y su amor incondicional.

Val me dijo algo que resuena en mi interior: desde que le detectaron cáncer, le han sucedido cosas buenas. Siente más paz, su alquiler ha bajado, tiene su tarjeta de minusválido, y se ha jubilado. Dedica tiempo a su cuerpo, a su espíritu, medita cada día y cocina a fuego lento, con paciencia y consciencia.

Tal vez la vida nos da señales en los lugares más inesperados. Tal vez, en medio de la adversidad, hay regalos que solo podemos ver cuando aprendemos a mirar.Jueves 8 de febrero

¿Por qué no conocemos la Stevia? ¿Por qué no nos dicen que es un sustituto del azúcar, una opción natural para los diabéticos? ¿Por qué no hay información sobre esto en los hospitales? Nos bombardean con productos procesados, con azúcar, con químicos, pero no con alternativas naturales.

El azúcar es veneno. Alimenta el cáncer, las enfermedades, la inflamación. Nos lo disfrazan de placer, pero nos debilita. El cuerpo alcalino es clave para la salud. Lo repetiré hasta que no lo olvide.

En la televisión anuncian que los tratamientos contra el cáncer son más eficaces, menos agresivos, más personalizados. Blá, blá, blá. La realidad es distinta. La química sigue siendo química, los efectos secundarios siguen estando ahí, y los protocolos siguen un guion preestablecido.

El tratamiento de Carlos ha sido un camino rígido, predefinido: cuatro bloques de quimioterapia, luego trasplante, luego radioterapia, luego más quimio. Todo está escrito en un papel desde el principio. ¿Por qué si el cáncer desaparece, aún necesitan seguir con más ciclos de quimioterapia? ¿Por si acaso?

Hoy la doctora nos dice que la analítica de Carlos está bien, que tiene 100.000 plaquetas. Buenas noticias, un respiro momentáneo. Pero luego, como siempre, viene el golpe: la siguiente fase será aún más dura.

¿Cómo me queda el cuerpo después de escuchar esto?

Intento agarrarme a la esperanza, a la fe. Nos dicen que su caso es diferente, que su sangre no está enferma. Me aferro a esas palabras, aunque sé que este camino está lleno de altibajos, de luces y sombras.

Sábado 11 de febrero

Ayer, mientras Carlos iba al hospital de Día, yo me dirigí a radioterapia a recoger su informe. El doctor, con una ligera sonrisa que reflejaba el éxito del tratamiento, me entregó la copia.

En la sesión de SCIO, vimos un cambio significativo: el cáncer pasó de un marcador rojo a rosa, con un índice de 102. Un avance. Audrey nos mostró que los problemas que detectaba la máquina se habían reducido de seis a uno. Se ausentará unos días para visitar a su nieta en Inglaterra. Que la fuerza del cosmos la acompañe.

Me sigo preguntando qué ha pasado con el servicio de rehabilitación de Son Espases. Lo solicité, pero nunca hubo un papel, ni un formulario. Nadie ha venido a preguntar por Carlos, ni una sola vez. Es como si no existiera.

Por eso agradezco haber escrito este diario. Me permite recordar cada paso, cada momento, cada ausencia.

Y entonces está Malén. Ella sí está. No ha dejado de venir, de aliviar dolores, de liberar emociones, de canalizar energía. A pesar de que nunca fue aceptada por las «batas blancas», ella ha hecho más que muchos dentro de ese hospital.

La vida nos envía maestros en formas inesperadas. Malén es uno de ellos.

Ayer nos dejó una lección más. Le dijo a Carlos:

Así como has visualizado tu cabeza limpia de células malas, ahora dirígete a tu columna y haz lo mismo.

Cuando vayas a radioterapia, enfoca el rayo en lo malo y protege lo bueno. Así evitarás que la piel se queme, porque las células sanas trabajarán para protegerte.

Sanar no es solo recibir tratamientos, es creer, visualizar, confiar.

Viernes 17 de febrero

Es evidente que las buenas vibraciones nos rodean y que, sin darnos cuenta, las transmitimos a quienes nos rodean. La noticia ha corrido rápido. Nos encontramos con personas en la calle que ya saben, que nos sonríen, que nos expresan su alegría. Carlos no está solo en este camino; hay muchos corazones latiendo con él.

Hoy salió de radioterapia con su famosa mascarilla, sosteniéndola como un trofeo, como si fuera la prueba de una batalla superada. Cuatro auxiliares lo acompañaban, despidiéndose con una mezcla de cariño y alivio. «No queremos volver a verlos en este pasillo», nos decían con una sonrisa.

Y entonces, el doctor de radioterapia nos llamó a su despacho. Nos llenó de halagos por la fortaleza de Carlos, por su actitud, por su forma de afrontar todo. Nos pidió volver en 45 días.

No sé qué traerán esos días, pero hoy nos llevamos esta victoria, esta luz, este momento de respiro.

Lunes 20 de febrero

Sin prisas, sin despertador. Hoy podemos permitirnos el lujo de hacer las cosas a nuestro ritmo. La limpieza del catéter será cuando queramos.

Hoy quiero dar gracias por este diario, por haberlo comenzado y por seguir escribiéndolo. Ha sido mi refugio, mi desahogo, mi manera de mantener la mente ocupada en el hospital. Ha sido conocimiento, ha sido compañía, ha sido testigo de cada instante vivido con Carlos.

Anoche, una vez más, me sorprendió con su visualización. Me habló de salas ocultas donde se esconden las células malas. Él las busca y las ataca. Las demás, las que están más expuestas, son eliminadas por las células buenas. Le dije que ese era el ejército Leuco, los valientes leucocitos que combaten aquello que no sabe trabajar, aquello que no pertenece.

¡Bravo, mi niño! Su mente, su espíritu, están luchando con una fuerza que me llena de admiración.

Martes 21 de febrero

Carlos, como cualquier niño, pregunta si en el cielo se puede vivir. Nos pasamos la vida cuestionándonos lo mismo, porque tememos a la muerte. Pero cuando comprendemos su verdadera esencia, el miedo desaparece.

Le explico que la muerte no es el final, sino una transformación, como el gusano de seda que deja de serlo para convertirse en mariposa. El alma de Sito, libre ahora de su cuerpo, viaja sin las limitaciones de la materia. Estoy convencido de que en el cielo se vive, porque la energía nunca muere, solo se transforma. Desde el Big Bang, todo está en expansión, en un proceso de cambio constante, y nuestra alma escogió este cuerpo como parte de su camino.

La mente es un misterio aún no descifrado. No es solo un órgano dentro del cuerpo, es un vínculo con el cosmos, con Dios. Es capaz de trascender, de sanar, de acceder a un conocimiento sin necesidad de aprendizaje.

Mi hermana, «sa Titi», nos regaló más gemas y un libro sobre su poder curativo. Aprendimos que para usarlas hay que programarlas con un propósito específico. Se visualiza la piedra con una luz intensa y se sigue el proceso de programación.

Carlos ya domina esta conexión. Lo vi en su expresión cuando leyó sobre el ónix, una piedra que ayuda a alejar los miedos. Fue como si, de repente, algo en su interior se removiera. No insistí en que me hablara de sus miedos, pero le dije que, cuando quisiera, podríamos hablar de ellos.

El miedo es la raíz de todas las enfermedades. Lo he leído muchas veces y lo he comprobado en este diario. Y entonces me pregunto: ¿quién nos enseña a tener miedo? ¿Quién se lo transmite a los niños?

Vivimos en un mundo donde todo gira en torno a la muerte. No hay templos dedicados a la vida o al nacimiento, solo a lo que dejamos atrás. Se nos educa en el miedo desde pequeños: nos hablan del demonio, del infierno, del pecado. Pero todo eso no es más que una construcción de la mente humana. Asustar es una forma de control.

No quiero que Carlos viva con miedo. Si un niño teme a la muerte, hay que ayudarle a externalizarlo, a verlo desde otra perspectiva. Le diría: «Si yo viviera con miedo constante a la muerte, ¿te gustaría que pensara así?». Cuando el miedo deja de ser suyo y lo ve reflejado en otra persona, pierde su fuerza.

El miedo encadena, pero la conciencia nos libera.

Viernes 2 de marzo

No creo que Dios nos haya colocado en la Tierra para vivir en tormento, sufrimiento o miedo, ni para matar. Nuestra verdadera diferencia con los demás seres vivos radica en el libre albedrío, y es precisamente eso lo que nos puede desviar. El sufrimiento no ha sido creado por Él, sino por nosotros mismos. Cuando mi hijo contrajo la enfermedad, no puedo pensar que sea un castigo divino. Sólo puedo verlo como una respuesta, una solución o quizás un cambio necesario en nuestras vidas.

Dentro de mí, algo se está despertando, algo que me hace ver la vida de una manera diferente. Ahora entiendo que si mi alma no ha decidido seguir su camino sin el cuerpo, entonces no es mi hora de partir de este mundo. Podría arriesgarme, tal vez romperme una pierna por jugar, pero si no es mi tiempo, no será mi fin. Nosotros elegimos nuestras realidades, y Carlos eligió la suya. La gran pregunta es, ¿para qué? No se trata de aceptar todo sin más, ni de agachar la cabeza pensando que todo es fortuito. Si fuera voluntad de Dios, Carlos ya no estaría aquí. Por eso, creo que lo que está sucediendo con él tiene un propósito, no es accidental.

Es un golpe muy duro, pero a la vez, el amor por mi hijo y por la vida crece de manera espectacular. Hace poco, una mujer preguntó por qué su hijo adoptivo había muerto a los 18 años en un accidente de moto, cuando le había prometido que a esa edad buscarían sin descanso a su madre biológica. Resultó que su madre biológica había muerto hacía varios años, y el chico, al parecer, eligió estar con ella.

Si abordamos la vida desde el amor, eso nos ayuda a decidir en cada momento quiénes somos y qué queremos ser en relación con las personas y las cosas. Esa, para mí, es la respuesta a todas las preguntas: elige con amor.

A veces, me pregunto por qué escribo todo esto. Cuando leo lo que he escrito, no estoy seguro de si tiene sentido o si son solo pensamientos dispersos. Al principio, no pensé mucho en este diario. Más tarde, me justificaba diciendo que me ayudaba a pasar horas entretenido, pero a medida que avanzaba, llegué a cuestionarlo. No me importaba si lo quemaba o no. Ahora, sin embargo, siento que la vida debe vivirse de otra manera, y quiero elegir vivirla así. Quizás este diario sea una forma de reeducarme a mí mismo y de enseñarte, a ti también, lo que estoy aprendiendo.

Martes 20 de marzo

Ayer, el cuerpo de Carlos, el universo, o quizás Dios, dieron la alarma, y, por tanto, el proceso se retrasó. Su temperatura comenzó a subir, pero sin superar los 37, 8°. Durante el día, se hicieron análisis del moco, la garganta, el portacath y el catéter, además de esperar que hiciera alguna deposición para estudiar. Eran las 16:35h y la temperatura seguía en 37, 7°. Decidieron administrar antibióticos como medida preventiva, porque si la infección hubiera tomado fuerza en medio del tratamiento, no sé qué consecuencias podría haber tenido. Agradezco profundamente esa manifestación de su cuerpo, que parece estar en perfecta sincronía con el Universo.

Durante toda la tarde, la temperatura se mantuvo estable, incluso bajó a 37, 2°, pero a las 22:30 h subió nuevamente a 38°. Esto no parecía tener buen pronóstico, así que seguramente atacarán la infección con más antibióticos. Recordé que algo similar ocurrió el 16 de noviembre, cuando estaba a punto de recibir una quimioterapia y su cuerpo alertó con fiebre al personal médico. En esa ocasión, el culpable resultó ser el catéter.

Viernes 23 de marzo

Hoy algo muy sorprendente ocurrió, y me hace pensar en cómo el universo responde cuando menos lo esperamos. Carlos, como buen seguidor del Barça, había expresado su deseo de ir a ver un partido, algo que deseaba desde el comienzo de la liga. Y, de alguna manera, el universo se alineó. Primero, hablé con Julián, hijo de Malén, y confirmé que podíamos ir al partido Mallorca-Barça. Al día siguiente, Tomás, amigo de Sito que trabaja de vigilante en el hospital, apareció con dos entradas VIP para el partido. Increíble. Es como si el mensaje de Carlos al universo hubiera sido recibido.

Hace poco, habíamos hablado de lo que costaba una entrada, y él había aceptado sin problema ver el partido desde la televisión. Pero ahora, con la posibilidad de ir al estadio, tomamos una decisión con amor: ir a vivir esa experiencia juntos. Gracias a Tomás por su gesto. Además, había algo aún más sorprendente: tras el partido, Carlos tendría la oportunidad de ir al vestuario del Barça. ¿Sería posible que lograra una foto con Messi? ¡Eso sería un sueño hecho realidad! Más de 15 fotos con Iniesta, Piqué, Puyol, Pep Guardiola, Busquets, Xavi, Pedro, Pinto, Cesc Fábregas, incluida la firma de Messi en su propia camiseta.

Todo esto me hace reflexionar sobre cómo la vida, a través de pequeños detalles, puede darnos regalos inesperados. Lo que parecía ser solo un deseo, se convirtió en una oportunidad que se presentó ante nosotros.

Martes 3 de abril

Carlos está llevando el proceso bastante bien, más tolerable de lo esperado, gracias a las enfermeras, que nos dan una visión positiva. Las defensas se mantienen y no ha sido necesario transfundirle sangre. Agradezco mucho a Val por ayudar a transmitir nuestra gratitud a Audrey, quien nos ha apoyado incondicionalmente. También nos sugirieron que vayamos a una sesión con Audrey para equilibrar su cuerpo.

Me esperaba un proceso más duro, pero hasta ahora todo ha sido más manejable. Hoy apareció un escozor en el cuello y muslos, y le darán un jarabe para el picor. También está comenzando a formarse una mancha rojiza en la zona del catéter, pero no es preocupante por ahora. En cuanto a la comida, le cuesta comer lo suficiente, así que lo alimentan por vía intravenosa para evitar vómitos.

Miércoles 4 de abril

Anoche, tuve una pesadilla extraña en la que sentía una tensión y dolor insoportables en el cuerpo. Era oscuro, pero sabía que Carlos estaba cerca. Cuando me acerqué, me di cuenta de que el adulto que me mordía el pecho era él, como en una vida pasada o futura. También soñé que mi padre tenía monedas de valor inmenso y que me llevaba una de 20 000 €. Esto me recordó a un sueño anterior del 10 de agosto, cuando soñé con un ventanal, y ahora estamos en una habitación con el mismo tipo de ventana. No sé qué significa, pero lo observo y lo apunto aquí.

Los sueños me parecen un viaje del alma, donde no hay tiempo ni espacio, solo el ahora. Los ojos nos muestran una visión distorsionada. En cuanto a Carlos, su piel está reaccionando mal. La zona del catéter está más morada, extendiéndose hasta la axila, con llagas y puntos dolorosos. El jarabe no ha aliviado el picor, que ahora afecta casi todo su cuerpo, desde la cabeza hasta el ano. Está arañándose sin cesar, aunque no tiene uñas. La situación no pinta bien.

Hoy, la jefa oncóloga no parecía prestar mucha atención al estado de Carlos, contradiciendo lo que Elena observaba. Ante esto, he decidido insistir a cada persona que entre en la habitación sobre la necesidad de quitarle el catéter y evaluar si algunos medicamentos están provocando estas reacciones en su piel.

Viernes 13 de abril

Hoy tuve un enfrentamiento con la doctora por la administración de morfina a Carlos. Cada día, me preguntan cuánto le duele del 1 al 10, y Carlos siempre responde que solo siente dolor al tragar saliva, no de manera continua, solo cuando traga. El primer día, el dolor lo calificó con un 3 de 10, y en el último día, un 8. La doctora insiste en que la morfina es para aliviar el dolor, pero yo le expliqué que no dudaría en administrársela si Carlos la pidiera. Sin embargo, hoy, cuando le ofrecí probar la morfina para ver si calmaba la molestia al tragar, Carlos se negó rotundamente. La doctora sugirió que Carlos lo hacía solo por quedar bien conmigo, pero decidí no darle morfina por el momento, pues el dolor parece ser soportable, algo que sabemos bien después de meses de observación.

Además, la morfina provoca sueño y estreñimiento, y desde hace una semana Carlos ha estado bastante adormecido, sin mucha energía. Hoy, por primera vez, lo vi más despierto, caminando por la habitación. Las defensas de Carlos están subiendo, han pasado de 100 a 200, pero aún están lejos de lo normal, que sería de 3,000. Aun así, parece que está mejorando, y cuando sus defensas lleguen a 500, podrán desaislarlo.

Jueves 26 de abril

Hoy celebramos tus 8 años, ¡qué emocionante verte crecer! Para esta noche, tenemos un pastel de chocolate y ocho velas para soplar. Y por supuesto, te voy a dar ocho cosquillas para hacer de este día algo aún más especial.

Quiero terminar este diario, o al menos esta primera parte. Para eso, necesito que el informe de la resonancia del martes diga que estás «LIMPIO». Invoco al Universo, pido toda su energía para que transforme el estado de mi niño. Le pido a Dios y a todas las Energías que limpien tu cuerpo, para que brilles con toda tu magnificencia.

Sábado 28 de abril

El 28 de abril de 2009, a dos calles de casa, Carlos iba sentado en la barra de mi bicicleta y yo la estaba conduciendo después de salir del colegio. De repente, sin querer, desplazó el pie hacia los radios de la rueda delantera y frenó en seco, lo que hizo que la bicicleta volcara.

Estuve unos segundos inconsciente y cuando recobré el conocimiento, vi a Carlos de pie. Un hombre que pasaba en una furgoneta se detuvo y me preguntó si quería que llamara a una ambulancia. Carlos, muy asustado, gritó un ¡NO!, con mucha fuerza. El hombre esperaba mi respuesta, así que evalué rápidamente la situación: ya estaba de pie, no sentía dolor, solo un poco cuando me pusieron los puntos en el hospital. Podía caminar y notaba que me faltaban algunos dientes. Al final, solo me partí un diente y otro se movió un poco. Le dije al hombre que no hacía falta que llamara a la ambulancia, ya que Carlos no quería que me separara de él. Cogimos la bicicleta y llegamos a casa. Cuando Elena nos vio, se preocupó mucho y nos llevó al hospital. Carlos sangraba un poco por la nariz y yo estaba lleno de sangre. Tenía heridas en las manos, probablemente porque traté de proteger a Carlos al caer. Nunca recordé esos segundos del accidente, pero lo cierto es que mi cara impactó contra el asfalto. No sentí dolor en ningún momento, ni siquiera después. Después de unos puntos de sutura, estuve en observación 24 horas en el hospital.

Domingo 29 de abril

Hoy celebramos una gran fiesta de cumpleaños en Biniali, ¡fue increíble! Alrededor de veinte coches llegaron, y más de treinta niños vinieron a celebrar con Carlos. El día acompañó hasta la última hora, cuando comenzó a llover, pero antes de eso, tuvimos un sol espléndido que agradecimos.

Carlos estuvo activo, aunque necesitaba parar de vez en cuando a descansar. Fue un día intenso para él, pero parecía más fuerte y con más energía que en los días anteriores. Seguro que estar en el campo le hizo bien, aunque ahora está agotado.

Recibió muchos regalos, y Elena y yo le dimos un álbum del Barça con las fotos que tomamos cuando fuimos al estadio del Mallorca. ¡Visca el Mallorca! Todos estamos esperando las noticias de mañana, el informe de la resonancia. Todo el mundo nos apoya, y los deseos de que todo salga bien son más fuertes que nunca.

Jueves 3 de mayo

La noticia nos destrozó moral, emocional y anímicamente. Todo se desplomó, todo se apagó en esos días, y la fuerza que teníamos se fue perdiendo. El nudo en la garganta se hacía más fuerte, y las lágrimas no paraban de salir. No tenía fuerzas ni ganas de escribir en el diario.

Actué con protocolo de crisis y llamé de inmediato. La respuesta fue clara: «Ves a ver a Audrey». Después de las 17 sesiones de SCIO, Audrey indicó que no era necesario seguir con más sesiones, a menos que hubiera algún cambio. Los índices de Carlos no superaban los 100, todos sus valores estaban bajos.

El informe de la sesión reveló que el SCIO había detectado un nódulo del tamaño indicado, pero lo sorprendente fue que, a pesar de ser un tumor, este tenía actividad benigna. El cuerpo lo usaba para proteger la fuente inicial del problema ante células invasoras. El nódulo no es pasivo; en realidad, controla su actividad a través de la médula cervical y espinal.

Fue como pasar de la oscuridad a la luz de repente, como abrir una ventana y ver claridad. Si hubiera sabido todo esto antes, no habría dudado en acudir a Audrey desde el principio. La máquina SCIO trabaja con ondas de frecuencia, y la energía es pura vibración. Somos vibraciones, somos energía, y todo lo que nos rodea también lo es. La enfermedad, al ser una frecuencia baja, necesita ser potenciada con energía de mayor frecuencia. A través del SCIO, podemos aumentar esa vibración en el cuerpo y restaurar el equilibrio.

De esta forma, entendí que el nódulo era benigno, y aunque al principio no podíamos creer completamente lo que nos decía Audrey, nos despedimos con gratitud. Fue un reto para ella, pero se sintió feliz por el logro alcanzado con Carlos.

Estoy profundamente agradecido por haber conocido a Audrey y Val Tormey, pintor, saxofonista, artista gráfico y un gran maestro espiritual. Val, en particular, me ha guiado espiritualmente y me ha enseñado a ser «más contento que Dios», como él mismo dice. Una enseñanza invaluable en este camino.

Domingo 6 de mayo

A la par que experimento estos cambios internos, también noto que me acerco a nuevas personas, aquellas que tienen algo importante que enseñarme. El mundo está dentro de mí y tengo el poder de transformarlo. Hace unos días comencé a meditar, y he encontrado un gusto por ello. También he empezado a dedicar tiempo a trabajar con los «chacras».

Sobre los chacras: los colores de los chacras son los mismos que los del arco iris, combinando los colores primarios (rojo, amarillo y azul) con sus mezclas para formar los colores secundarios. Así, el primer chacra es rojo, el segundo es naranja (mezcla de rojo y amarillo), el tercero es amarillo, el cuarto es verde (mezcla de amarillo y azul), el quinto es azul, el sexto es índigo (mezcla de azul y rojo), y el séptimo chacra es el color magenta, que combina todos los colores del arco iris.

Miércoles 9 de mayo

Por la mañana, visitamos a Malén, quien trabaja de una forma más íntima y subjetiva. La casa de Malén está rodeada de naturaleza, lo que crea un ambiente relajante. Desde que Carlos salió del aislamiento, hemos tenido varios encuentros con ella, y Malén se ha centrado en trabajar la zona del cuello, considerando que en esa área pasan los nervios que conectan con el cerebro. Malén habla sobre los «mandos» en la cabeza y cómo encontrar el adecuado, especialmente para controlar la mano derecha.

Notamos que Carlos está empezando a soltar su ira y se está mostrando más sincero y expresivo, lo que también se refleja en sus deposiciones, que se han vuelto más frecuentes y regulares.

Después, tuvimos cita con el Dr. Tolo, quien coincidió en la evaluación del nódulo de Carlos, destacando su función protectora. Cuando tengamos los resultados definitivos, comenzaremos con el tratamiento de muérdago (Viscum Album). También debemos tratar las heridas provocadas por la quimioterapia, que afectan todo el conducto digestivo.

El Dr. Tolo comentó sobre una generación de niños que presentan un perfil similar al de Carlos y cómo este proceso de enfermedad les enseña mucho a las personas a su alrededor. Además, me enteré de que el Dr. Tolo es un especialista muy caro en Palma, lo que refleja su profundo conocimiento y experiencia.

Domingo 27 de mayo

El tiempo ha dejado de tener la misma dimensión. Los días pasan rápido, pero la vida parece moverse en cámara lenta, como si los ruidos llegaran suavizados a mis oídos. Es como estar en el fondo de un río, lejos de la corriente, donde hay menos movimiento y más calma. De repente, empiezo a notar detalles que antes no percibía, cosas pequeñas que ahora adquieren una importancia vital. Las vivencias se vuelven más intensas y, aunque sean fugaces, las siento de una manera asombrosa.

La vida, después de todo lo que he vivido, me ha dado un golpe en la cabeza, despertándome a la realidad. Me ha obligado a pensar en lo que realmente importa. Todo lo demás, como el reloj, el trabajo, el dinero, la rutina diaria, se vuelve irrelevante. Nada parece ser primordial, excepto el aire que respiro. El mañana ya no existe para mí; es un concepto ilusorio que ya no me pertenece. He encontrado consuelo en leer que el futuro no es real, y me identifico profundamente con esa idea. Ahora, mi conciencia está enfocada solo en este instante, en ser plenamente consciente de lo que es ahora.

Lunes 28 de mayo

Hoy, Carlos pesa 21 kg y su cuerpo está empezando a fabricar sus propias defensas, lo que es un buen signo. Durante la visita al hospital, le preguntamos al doctor sobre el informe del PET, que confirmaba que el tumor no presenta actividad en el foco inicial y no se registran patologías. Sin embargo, el doctor aún no tiene certeza sobre si el tumor sigue siendo benigno, lo que lleva a la recomendación de comenzar otro ciclo de quimioterapia, ya que prefieren actuar con cautela. Nos preguntamos si es necesario continuar con más tóxicos.

El doctor, al principio, recomendaba comenzar el siguiente ciclo de quimioterapia sin hacer más resonancias, pero luego cambió de opinión y programó una resonancia para finales de junio. Aunque los médicos están preocupados, la clínica de Carlos no refleja los síntomas graves que se esperarían, ya que él sigue sonriendo y estando activo. Después de la consulta, contacté con el Dr. Tolo, quien consideró que el informe del PET es bastante fiable y sugirió que se debería observar el nódulo sin apresurarse con más quimioterapia.

Este proceso es difícil, y aunque los médicos tienen sus métodos, me pregunto qué control podemos tener si ellos mismos están inseguros. No quiero que Carlos siga recibiendo quimioterapia si no es necesario, por lo que busqué alternativas como el tratamiento con muérdago, conocido en otros países como opción para tratar el cáncer.

Hace casi un año que Carlos enfermó, y su estado ha mejorado, lo que me da esperanzas de que con tiempo y un tratamiento más natural, como el muérdago, podamos ayudarle a recuperar su salud sin los efectos dañinos de los tóxicos. En este camino, continuaré buscando lo mejor para él, deseando que se recupere sin perder su vitalidad y sin más sufrimiento.

Martes 29 de mayo

El segundo dibujo, hecho el 26 de enero de 2012, revela un cambio notable: la mancha ya no presenta aquel movimiento que tenía en la primera imagen, y el haz de luz utilizado como ataque destructor es ahora compacto y abarca toda la célula.

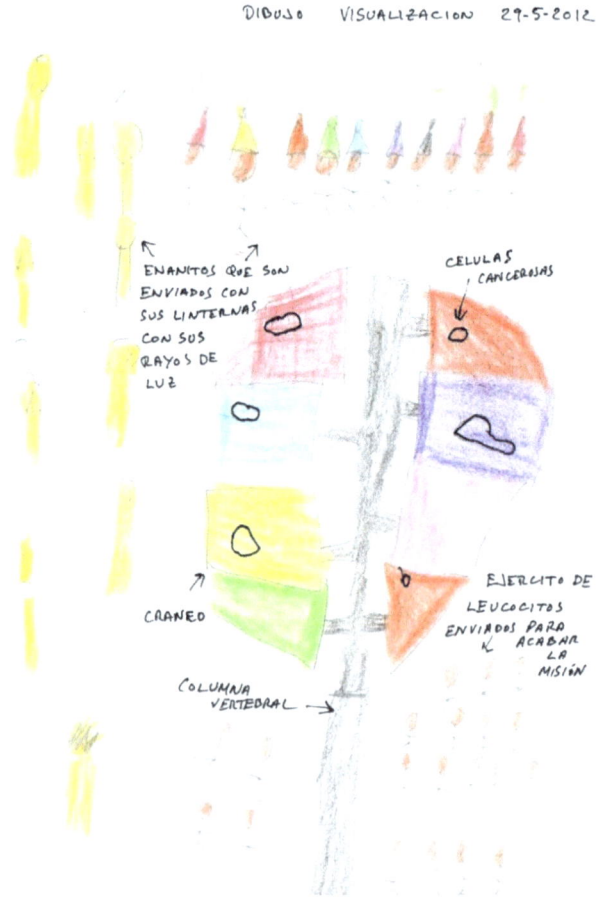

DIBUJO VISUALIZACION 29-5-2012

ENANITOS QUE SON ENVIADOS CON SUS LINTERNAS CON SUS RAYOS DE LUZ

CELULAS CANCEROSAS

CRANEO

EJERCITO DE LEUCOCITOS ENVIADOS PARA ACABAR LA MISIÓN

COLUMNA VERTEDRAL →

En su tercer dibujo, se observa un nuevo enfoque en el ataque a las células. Esta vez, un pelotón de enanitos, equipados con linternas tan grandes como ellos, entra a través del tercer ojo. Exploran salas dentro del cráneo donde, en ocasiones, las células se esconden tan bien que Carlos debe ir personalmente a encontrarlas. Una vez finalizado el ataque, envía al "ejército leuco" para eliminar todos los residuos de la batalla.

Las células representadas en este dibujo han dejado de ser estructuras imponentes y han pasado a ser simples y pequeñas manchas. No lo olvidemos: fue él quien, en su día, afirmó por primera vez que eran "pocas y pequeñas".

Miércoles 6 de junio

He solicitado el tratamiento Iscador (PINI) a una farmacia de Alemania, y ya realicé el pago correspondiente. En unos días recibiré el encargo, y coordinaremos con el Dr. Tolo la cita para explicar cómo administrarlo. A pesar de sentirme algo inquieto, estoy deseando que este tratamiento empiece a hacer efecto, con la esperanza de que beneficie el cuerpo de Carlos sin causar daños.

En los últimos días, he notado que la piel de Carlos, especialmente en la barbilla y las zonas irradiadas de su cabeza, está cambiando. Se escama y aparecen manchas oscuras. Aunque estas manifestaciones son el resultado de la radioterapia, las estamos tratando con aloe vera directo de la planta, lo cual es increíblemente hidratante y reconfortante para su piel. También seguimos el consejo de Malén y añadimos un poco de aceite de oliva.

Un año después, seguimos enfrentando los efectos de la enfermedad, pero ahora estamos en un lugar de privilegio donde podemos reflexionar sobre lo que hemos aprendido y vivido. Aunque los médicos consideran que Carlos puede recibir más quimioterapia, siento que deberíamos esperar un poco más antes de continuar con otro ciclo. El tratamiento ha sido largo, y me gustaría que Carlos se recupere completamente antes de seguir con más tóxicos. La preocupación por su falta de apetito y el peso bajo se han vuelto una constante, pero también entiendo que su cuerpo necesita tiempo para sanar. En lugar de obsesionarnos con la comida, tratamos de ser más comprensivos, dándole alimentos que le gusten, como frutas, que disfruta mucho.

En estos momentos de pausa, siento que la vida nos invita a enfocarnos en lo esencial, a conectar con lo más profundo de nuestro ser y a seguir adelante con esperanza. Todo este proceso, aunque doloroso, también está trayendo luz a nuestra visión espiritual.

Lunes 11 de junio

Hoy hace un año que comenzó este diario. Han sido muchos los pensamientos y sentimientos que han surgido. Imagina por un momento ver a tu hijo, lo que más amas en la vida, enfrentándose a la muerte tan pronto. Ella ha estado con nosotros todo este tiempo y ahora, sorprendentemente, se ha convertido en nuestra amiga, dándonos vida. Hemos sido testigos de cómo la muerte se lleva a algunas almas cercanas, como si viniera alguien a decir: «Es hora de partir, despídete». Pero a pesar de su presencia constante, ella no ha sido la enemiga, sino una amiga, mostrándonos su rostro y dejándonos conocerla. Si todo hubiese sucedido de otra manera, seguiría temiendo a la muerte, pero ahora sé que es una parte integral de la vida. La vida me ha enseñado a vivir con ella, y por eso, hoy, me siento agradecido por la vida que me da.

La muerte me ha enseñado a soltar, a no aferrarme a nada. Intento disfrutar cada día de lo que tengo, sin preocuparme por lo que vendrá. Hoy solo tengo que disfrutar de estar contigo y ser felices. La muerte podría llegar algún día, pero, mientras tanto, agradezco el presente. A veces me haces preguntas que no sé cómo responder, porque tal vez un niño de tu edad, después de todo este tiempo, no debería tener dudas tan grandes. Pero en ocasiones soy yo quien te hace preguntas, y tu respuesta es tan lógica que me sorprende, como si todo tuviera sentido: lo que hay hoy, tal vez no esté mañana.

Gracias por estar aquí, por este momento, por todo lo que hemos vivido juntos. Gracias, gracias, gracias, en concordancia con el universo.

No critiques este diario, es algo que salió del fondo de mí. Puedes tener todas las opiniones que quieras, pero respeta la mía.

Martes 19 de junio

Hoy, mientras escribo en casa de Malén, la gratitud por su apoyo sigue siendo inmensa. Carlos, espero que nunca olvides lo que ella representa. Hoy, aprendí un remedio natural para las picaduras de mosquitos, una mezcla de esencias y Aloe Vera, recordándome la sabiduría de los remedios caseros.

También hemos hablado sobre la opción de tratamientos alternativos que no solo eviten efectos secundarios, sino que también alivien los efectos de la quimioterapia. Consideramos enviar el informe del PET a Suiza para una segunda opinión. Reflexionamos sobre casos como el de una familia mallorquina que viajó a EE. UU. en busca de soluciones.

Tras la cita con el Dr. Tolo, nos explicó cómo administrar el nuevo tratamiento y nos sugirió hablar con la Dra. Carmen sobre el PET. Con respecto a la válvula de drenaje, nos dijo que no es urgente retirarla, a diferencia de lo que nos dijeron en el hospital.

Hoy administramos a Carlos 10 gotas de «viscum álbum» y planeamos aumentar la dosis gradualmente. El tratamiento durará entre dos y tres meses, y el costo es accesible por ahora. En cuanto a los médicos, no planeamos contarles sobre el tratamiento alternativo, ya que sabemos que no lo aceptarían. Por eso, debemos estar preparados para un posible enfrentamiento, aunque aún no sé bien cómo abordarlo. Todo esto queda registrado en este diario.

Sábado 7 de julio

Después de unos días de descanso fuera del hospital, me siento agradecido por estar con Carlos. Su recuperación tras el autotrasplante es muy lenta debido a los efectos de la radioterapia y otros fármacos, que han debilitado su sistema nervioso y defensas. Los efectos de los tóxicos podrían persistir durante años, pero la clave está en dejar de escribir sobre la enfermedad y enfocarnos en vivir, como dijo Teresa de Calcuta: seguir el camino sin importar las dificultades, transformando lo negativo en algo con sentido. No me pregunto «por qué», sino «para qué» está pasando esto.

A lo largo de todo este proceso, he recibido la idea de que tal vez Carlos firmó un contrato antes de nacer, una idea que parece difícil de aceptar, pero que podría tener sentido en términos energéticos o kármicos. A veces, las personas fuertes reciben estas cargas para sanar o fortalecer energías familiares, lo que podría ser el caso de Carlos. Las constelaciones familiares ofrecen una manera de explorar estos bloqueos y energías reprimidas. Aunque me cuesta comprenderlo, hay quienes lo entienden y lo justifican. No tengo que aceptar todo lo que leo, pero puedo elegir mi creencia.

Creo que la enfermedad llega cuando la energía se apaga o se enfría, ya sea por factores externos o internos, como la radiación o influencias negativas. A veces, nuestros pensamientos y emociones, como la tristeza o la crisis emocional, pueden contribuir a ese desequilibrio. Y si pensamos más allá de lo visible, como las diferentes dimensiones del universo, tal vez podamos entender más sobre las causas de todo.

A pesar de todo, sigo agradecido por el tiempo con mi hijo y por la esperanza que tengo. Gracias, gracias, gracias.

Lunes 16 de julio

El hospital ha dado su veredicto: la situación de Carlos es grave. La enfermedad se ha extendido tanto que solo queda esperar la muerte. Las defensas están muy bajas y las plaquetas siguen cayendo, así que no es recomendable administrar más medicación. Nos dicen que todo lo que puedan hacer ahora es tratar de aliviar su sufrimiento.

La noticia es devastadora. Aunque llevaba tiempo pensando en la muerte, no es lo mismo cuando te lo dicen tan directamente. A pesar de todo, trato de no enfocarme en lo dramático de la situación.

Nada más llegar a casa, llamo a Nina para pedir ayuda, sabiendo que su apoyo es crucial. Un día después, conseguimos cita con Bruno, una persona especial que me ha recomendado Nina. También me acuerdo de Val, que con su experiencia y el uso de la máquina de ondas de frecuencia SCIO, ha encontrado alivio en su lucha contra el cáncer.

Martes 17 de julio

Después de recibir malas noticias sobre la salud de Carlos, una nueva puerta se abre en su camino. Conocimos a Bruno, un hombre joven que desde pequeño ha sido consciente de sus poderes. Desde los seis años, ha tenido experiencias telepáticas con los indios de América, quienes lo llamaron para guiarlo en el uso de sus poderes para sanar. Bruno no se considera un sanador, sino un canalizador de energía, guiado por los indios para ayudar a quienes lo necesitan. Él asegura que existe una medicación universal elaborada por los indios que puede curar todo, aunque su preparación es secreta y difícil de transportar por las restricciones de las farmacéuticas.

Bruno revela que los indios lo han guiado a ayudar a un niño, que podría ser Carlos. En su proceso de curación, se necesitan tratar las energías de Carlos, su entorno, y la de los familiares. Bruno ofrece tres opciones para tratar la enfermedad de Carlos: una medicación que puede llegar por correo, una opción de tratamiento con una persona especial, o un viaje a América. De todos modos, Bruno no cobra por estos tratamientos, ya que, para él, en la magia de la sanación, no hay espacio para el lucro.

Al mismo tiempo, se sigue con el tratamiento médico homeopático. El Dr. Tolo prescribe algunos fármacos homeopáticos para el cráneo y la médula de Carlos, sin interrumpir el tratamiento con Iscador. El informe médico revela que podría haber una diferencia en los resultados entre la resonancia magnética y la biorresonancia, sugiriendo que el tumor podría haberse expandido debido al tratamiento con muérdago.

En este proceso, la familia sigue aferrándose a la esperanza. A pesar de la difícil situación, se mantienen firmes, confiando en que Carlos puede superar esta prueba y curarse. La madre de Carlos expresa su deseo de que la vida de su hijo no termine aún, porque cree que aún hay cosas por sanar y reparar, y sigue luchando por su bienestar.

Finalmente, a pesar de todo, se siente una calma en la familia. Aunque la situación sigue siendo difícil, hay una sensación de serenidad y un renovado impulso para seguir adelante, con la esperanza de que, con esfuerzo y amor, se pueda superar esta etapa. La madre recuerda las palabras de Malén, que le aconsejó aferrarse a la luz, por pequeña que sea, y sigue luchando por la vida de tu hijo.

Viernes 20 de julio

La situación de Carlos continúa siendo incierta, pero hay un rayo de esperanza al escuchar las palabras de Bruno. El hecho de que no haya «tela negra» ni «guardianes» acercándose a Carlos es un signo positivo. Bruno explica que, mientras no se presenten esos guardianes, todavía hay un margen de actuación, y la magia de la sanación es posible si se tiene fe y se cree en su curación. Es una mezcla de esperanza y fe en el proceso que se está llevando a cabo, incluso cuando las explicaciones de Bruno pueden ser difíciles de entender en su totalidad.

Además, el concepto de «correo humano» que Bruno menciona para transportar el tratamiento parece parte de un sistema secreto para el envío de curas sin ser detectadas. Este proceso involucra a mujeres recién paridas que transportan los tratamientos camuflados entre productos para bebés. Aunque este detalle parece extraño y fuera de lo común, refleja la complejidad y la discreción que Bruno y los indios ponen en sus métodos de curación.

Carlos, por su parte, sigue participando activamente en su proceso de curación. En una de sus visualizaciones, imagina un mundo lleno de unicornios y niños, un lugar vibrante y colorido, lo que parece ser una representación de la paz y la sanación que desea alcanzar. Esta visualización, aunque sólo en su mente, puede ser un reflejo de cómo su energía y su estado mental están en proceso de curación.

El tratamiento físico también avanza. Los medicamentos homeopáticos ya han llegado, y aunque Carlos debe acostumbrarse a tomar tanta medicación natural, el proceso de seguir con estos tratamientos parece estar ayudando.

La jornada sigue con pasos positivos, pero también desafiantes. El enfoque holístico que se está aplicando, con la integración de tratamientos naturales, la fe en la curación, y el cuidado emocional y mental de Carlos, parece ser el camino hacia la recuperación. Sin embargo, la familia sigue manteniendo la esperanza, el amor y el apoyo como pilares esenciales en el proceso.

En mi camino, tanto Elena como yo formamos parte de este contrato espiritual de Carlos. La conexión entre nuestras vidas no es casualidad. Los médicos dijeron que no podían hacer más por él y, al día siguiente, una nueva puerta se abrió: la de Marisa y Bruno, personas que estaban allí para guiarnos. Es como si la vida hubiera trazado este camino para nosotros, y ahora tenemos la oportunidad de sanar, de aprender, de pedir con amor.

Es fundamental agradecer lo que tenemos, porque al valorar nuestras bendiciones, nos abrimos a recibir más. El amor, la familia, la salud, los amigos, todo eso es valioso, y cuando lo cuidamos con gratitud, estamos caminando por un sendero espiritual que nos acerca más a la Divinidad. La Fe y el espíritu nos guían hacia un despertar lleno de luz, y cuando sembramos amor y gratitud, cosechamos bendiciones. Aunque enfrentemos dificultades, debemos mantener la fe y pedir ayuda con el corazón abierto, porque ese es el camino hacia la luz y la paz interior.

Domingo 22 de julio

Carlos me dijo:

—Siéntate a mi lado, solo será un momento. ¿Sabes? Desde que salí de la UCI, cuando pasé de Planta al Hospital de Día, allá por Navidad, he estado hablando con una voz dentro de mí. Es la voz de un niño que se parece mucho a mí. No sabía si contártelo, porque no estaba seguro de si era algo bueno o no. Ese niño no soporta las mismas cosas que yo, como los garbanzos. Oigo su voz en cualquier momento: mientras juego con alguien, cuando estoy solo con la consola —me dice qué opción del juego elegiría él— o cuando me encuentro solo en la habitación. No sé su nombre, pero podemos llamarlo Patufet. Nunca le he pedido nada y no sé si podría ayudarme. Por favor, no se lo digas a nadie, ni a los médicos. Solo puedes contárselo a las personas que me ayudan, como Malen, Audrey, Bruno, Marisa, Nina, Colette y mamá. Su forma de hablar me resulta extraña, no por lo que dice —que de por sí ya es extraordinario—, sino por la manera en que articula las palabras. Pienso que puede ser consecuencia de la enfermedad. Sin embargo, quien no lo conociera pensaría que mide cuidadosamente cada palabra antes de decirla. Su habla es pausada y sorprendentemente avanzada para su edad.

No sé qué interpretación o significado pueda tener. En cuanto empezó a hablar, enseguida pensé en los Guardianes que mencionó Saturno, esos que, según dicen, todos tenemos y que se hacen muy presentes cuando estamos cerca de la muerte. Muchas personas lo han experimentado: algunos hablan con seres queridos fallecidos, otros con ángeles que los preparan para el tránsito del alma.

Aunque dudo que sea este el caso, ya que sitúa el inicio de estas conversaciones hace más de siete meses.

Jueves 26 de julio

Con respecto a Patufet, representa el otro "Yo". Carlos ha crecido con un "Yo" lleno de condicionamientos, el hecho de hacer el bien para agradar a los demás o de ser un chico que actúa de forma sumisa sin expresar sus emociones. Con Malen está aprendiendo a decir ¡NO!, y a liberar toda la ira que pueda haber dentro de él en ciertos momentos. En definitiva, se está aprendiendo a hacer valer su opinión y a enfadarse cuando algo no le gusta.

Me emociona y rescato de mi mente algunas de las frases que él me confesó:

—Es la voz de un niño que se parece mucho a mí.

—Oigo su voz en cualquier momento.

—Por favor, no se lo digas a nadie, ni a los médicos. Solo puedes contárselo a las personas que me ayudan, como Malen, Audrey, Val, Saturno, Marte, Danza, Monette y mamá.

Me emociona pensar en todo su proceso, en su lucha y en sus descubrimientos.

Con Malén, Carlos está aprendiendo a decir ¡NO!, a lo que no le gusta, a liberar su ira y a hacerse valer. No significa que ahora pueda hacer todo lo que quiera; los niños deben tener límites, pero lo importante es que empiece a exteriorizar lo que siente y piensa, sin miedo.

Malén dice que ahora surge otro «Yo», uno más libre, espontáneo y natural, sin las restricciones ni condicionantes del pasado. Este nuevo «Yo» es más coherente y sensato, más maduro, sin enfrentamientos ni pensamientos confusos. Carlos puede ver que no tiene que actuar frente a los demás y que su «Yo» natural es el que debe tomar el control para que crezca, ya que el «Yo» condicionado es solo una parte de lo que realmente es.

Malén cree que, de mayor, Carlos puede ser un sabio, con todo lo que está aprendiendo y con el control que está adquiriendo sobre su cuerpo y su mente. Su evolución es clara, y su aspecto físico refleja ese crecimiento emocional y mental. Agradezco profundamente las palabras y el trabajo de Malén, que ayudan a Carlos a ir hacia esa transformación.

Hoy tuvimos cita con Audrey. Carlos estuvo conectado al SCIO durante dos horas. Lo que sucedió fue tan complicado como sencillo: la máquina no registró cáncer, solo una falta de oxígeno en la sangre debido a la poca actividad física. Su «otro Yo» lo confirma: Carlos está creciendo limpio y sin enfermedad. El niño que emerge desde su interior está evolucionando sin las cargas del pasado.

Malén interpretó esto como un crecimiento sin condicionantes, y Val lo vio como un alma nueva, sin manchas. Ahora debemos olvidar el pasado y no pensar en lo sucedido. Utilizaremos las analíticas y los informes para que Audrey y su máquina trabajen en su reparación y equilibrio si es necesario. Carlos está creciendo libre y sin impedimentos, aunque su cuerpo aún lleva las huellas de los tratamientos, pronto se recuperará.

El desafío ahora está en nosotros, los padres. Debemos elegir dos cosas: primero, olvidar lo que ha pasado, y segundo, elegir ser felices y dar todo el amor posible a Carlos.

Val también compartió una verdad escondida: los médicos están influenciados por el negocio farmacéutico, y los gobiernos están alineados con este sistema. Aunque la solución real esté disponible, no tiene fuerza porque no está sustentada por dinero ni popularidad. Recordó el caso de una mujer que descubrió que la malaria no mataba a los niños si se cultivaba una planta específica, la artemisa. En el caso del cáncer, la clave está en la vitamina B17.

Martes 31 de julio

Mi reunión con Marisa continuó con un enfoque en la familia. Usamos figuras de Playmobil sobre la mesa, representando a cada miembro de mi familia. Luego coloqué a Elena y a Carlos también con esas figuritas, y tuve que explicar por qué los ubicaba de esa manera. Marisa me dio una tarea importante: debo convertirme en SOL y llenarme de sol, porque todos nos movemos con su energía. La idea es verme desde la posición del Sol hacia la Tierra, y dirigirme allí siempre que reciba algo negativo. También debo hacer una lista de las cosas que me hacen vibrar, como tocar el piano, andar en bicicleta, hacer el amor (aunque no lo haga ahora), y escribir este diario. Continuaré practicando respiraciones, caminando por la playa, sintiendo la tierra bajo mis pies, y otras tareas que, por respeto al trabajo de Marisa, no mencionaré.

Marisa está recopilando información sobre nuestra familia. Supongo que está investigando si hay alguna raíz que deba pulirse o descargarse para que no interfiera en el proceso de curación. Me doy cuenta, y relaciono con lo que he leído, visto en películas y documentos sobre el cuerpo, la mente, el alma y su evolución. Es difícil verse así, pero siento que me estoy acercando a comprenderlo.

Le comenté a Marisa que me siento como en un túnel, o más bien, dentro de una burbuja. No es un estado alucinógeno, sino más bien un estado de mayor conciencia y claridad que nunca. Estoy protegido por una capa que me envuelve, manteniéndome feliz y libre de pensamientos negativos. Es increíble. Estoy seguro de que la ayuda de personas como Marisa es la que me enseña a afrontar los acontecimientos.

Domingo 5 de agosto

Ayer pasamos el día con mi amigo Toni, al que siempre llamamos «Corre» desde que teníamos 18 años, y su pareja Isabel. Ellos comparten la caseta de campo en Biniali, y Sito siempre ha sido su amigo del alma. El día fue especial, con Carlos y ocho niños acompañándonos. Lo que más me sorprendió fue que Toni, al hablar de los últimos acontecimientos que había vivido, me compartió sus interpretaciones de sueños y percepciones. Me habló de una niña, de la misma edad que Carlos, que no pudo superar algo similar a lo que él ha tenido. La incineraron y esparcieron sus cenizas en los Misterios del Monasterio de Lluc, un hermoso lugar en la sierra de Tramuntana, en Mallorca. Toni me contó que, al recibir esa información, de repente se sintió electrizado, con una percepción extraña, como si algo en esa niña no hubiera salido bien. Estuvo mucho tiempo llorando por ella.

Le dije a Toni que quizás esa niña le estaba pidiendo ayuda y que él debía hacer algo al respecto. Lo invité a ir a Lluc. Además, Toni tiene una amiga con unas manos de santo para dar masajes, que, según él, también tiene capacidades extrasensoriales. Un día le dijo que debía concentrarse en el número nueve, que parece representar cosas más allá de nuestra comprensión razonada. Aunque no entendí bien ese concepto, me sorprendió que me hablara de esto, pues nunca antes me había contado sobre sus percepciones y sueños.

Recuerdo que un sueño de Toni anticipó algo que le iba a suceder a Sito. Soñó que, arrastrado por una corriente de aguas sucias, no pudo alcanzar la mano de Sito, que se alejaba. Toni me lo contó entre lágrimas. Justo ayer, soñó con Carlos. En el sueño, estábamos en casa de su madre. Toni estaba ordenando cosas en la cochera cuando vio a Carlos paseando cerca del pozo negro, «sa merdera». Alarmado, llamó a Isabel para avisarnos a Elena y a mí del peligro mortal que corría Carlos. Sin embargo, en cuanto vio que Carlos estaba caminando sobre el pozo sin hundirse ni verse atrapado en el lodo como en su sueño anterior con Sito, se relajó y comenzó a sonreír.

También me contó que, hace un par de meses, compró una linterna de minero, que se coloca en la cabeza con un elástico, y que sintió la necesidad de regalarla a Carlos para darle «Luz», en el sentido más curativo de la palabra. Cuando le expliqué que Carlos estaba haciendo visualizaciones con «Luz» para atacar las células malas, Toni no pudo evitar emocionarse. Al despedirnos, le di las gracias por compartir su sueño conmigo y le dije que, quizás, Carlos fue el responsable de que nuestros caminos, los de Toni, Sito y yo, se cruzaran.

Estoy esperando respuestas a mis oraciones, y siento que no han tardado en llegar. Si estás atento a las señales que el universo te da, se te conceden. He pedido claridad, que iluminen mi camino, y ahora más que nunca necesito señales que me confirmen que estamos en el camino correcto.

Lunes 6 de agosto

Hoy, Carlos ha estado conectado al SCIO, y los resultados son positivos. Los índices, que antes estaban por encima de 120, ahora no superan los 90, lo cual es una mejora significativa. Audrey nos dijo que, si notamos algún cambio, no dudemos en llamar a Val y programar una sesión con ella.

Val, en su intento de resumir todo lo que estamos viviendo, comentó sobre la importancia de utilizar la fuerza de la mente, que es el principio de todas las cosas. De allí proviene todo lo que somos, vemos y experimentamos. Practicar la meditación nos ayudará a alejarnos de la forma de vida establecida y acercarnos a la verdadera esencia de la vida. Las vibraciones pueden venir de muchas fuentes y afectan nuestra energía, por lo que es crucial evitar vibraciones negativas, ya sean por ondas radiactivas, palabras, ambientes contaminados, o incluso los efectos que tienen los medicamentos y alimentos. Un punto clave es apartar el televisor de nuestras vidas, ya que, según Val, no nos enseña lo que realmente necesitamos aprender.

Cuando sentimos dolor o molestias, Val aconseja agradecer y pedirle al Supremo que nos ayude a alejar ese dolor. La vida no está destinada a ser sufrimiento, estamos aquí para ser felices, y lo que llega a nosotros un día puede alejarse al siguiente. Nada es permanente.

Una idea que Val compartió fue la de no juzgar lo que es bueno o malo, porque todo tiene un propósito en el gran engranaje de la vida. Todo lo que percibimos es una ilusión. Llevamos una memoria que nos fue transmitida desde que éramos pequeños, especialmente por nuestros padres, lo que nos lleva a seguir pautas establecidas. Esto hace que vivamos con miedos y no seamos plenamente creadores de nuestra propia vida.

Val nos explicó que, al igual que en un accidente, sentimos el dolor cuando la mente percibe el daño en el cuerpo. Pero es solo cuando vemos la zona afectada que somos conscientes del dolor. Es nuestra memoria y los recuerdos que nuestros padres nos han transmitido lo que nos hace experimentar la vida de esa manera. Debemos establecer una conexión continua con algo superior, lo que queramos llamar, según nuestras creencias, y practicar la gratitud cada día por todo lo que tenemos: familia, amigos, alimentos, casa, coche, etc.

Por ejemplo, cuando subimos a un coche, debemos sentir agradecimiento por tenerlo, ya que nos lleva a donde necesitamos ir. Al beber agua, debemos enviar un mensaje de amor y gratitud, teniendo en cuenta que nuestros cuerpos están formados en un 70 % por agua. La meditación nos acercará a vivir en este mundo lleno de gratitud, donde el amor es la base de todo y la felicidad es posible. Al alimentar nuestro espíritu con la misma dedicación que alimentamos nuestro cuerpo, descubrimos que tenemos el poder de la mente para cambiar nuestras vidas.

Lunes 13 de agosto

Hubo un hecho que en todo el diario no aparece, como otras cositas que se han quedado en el interno, como dirían algunos, o simplemente me guardo para mí. Es cuando me encontraba cogiendo las manos a mi hijo cuando estaba dormido, ya sea por la operación, la crisis o cuando recibía quimioterapia. Me ponía a cantar susurrando melodías o más bien notas similares a los cantos de los indios. Señalaba tal emoción que a veces tenía que parar de emitir sonidos y alguna lágrima rebosaba de mis ojos. Mis labios pegados a su mano, a su piel, recibían la vibración de esas notas. Siempre he pensado que Carlos, oía las notas y que le ayudaba a relajarse. Ahora es cuando más recuerdo esas notas y esos momentos porque los relaciono con lo que estoy viviendo. Parece que todo tiene su sentido de ser. Hacía tiempo que no cantaba andando de un sitio para otro o conduciendo en el automóvil y ahora, susurro como entonces, esas notas como si alguien me empujara a cantarlas de nuevo.

Miércoles 15 de agosto

Son las 8:20h. Después de ir a caminar por la playa, pisando la arena sin zapatos y echando raíces como me dijo Marisa que hiciera y respirar luz solar. Acabo de desayunar y veo a mi niño que sale de su habitación y se dispone a proseguir su cuarto dibujo de su visualización particular. Dice que en la visualización quedan pocas manchas en pocas salas. El día pinta bien.

En el dibujo se aprecia mucha más LUZ, más colorido, si cabe. Aquí se pueden ver más salas que en el dibujo anterior del mes de mayo, donde solo pintó ocho salas en todo el cráneo. Quizás por ser más estricta la vigilancia, más concienzuda la búsqueda, se hayan multiplicado dichas salas. En sí, el dibujo es más maduro, más adulto, más técnico, en una palabra. Otra diferencia es que no hay espacios entre la columna vertebral (centro) y pasillos de entrada a las salas. Según Carlos, se han dibujado más salas porque los enanitos solo iban a salas cercanas y era él personalmente que tenía que ir a esas salas remotas para encontrar las manchas blancas. De ahí, que en las salas cercanas solo aparezcan 2 manchas en comparación con las 6 del dibujo de mayo. Sin embargo, su búsqueda se ha extendido más allá de lo que lo hacían los enanitos y han aparecido más manchas, aunque Carlos confirmó antes de empezar el dibujo que las manchas se habían reducido en tamaño y cantidad.

Otra apreciación significativa es la representación de los 10 enanitos. Son más alegres, más divertidos, aunque sí, tenían una sonrisa en el dibujo anterior, eran como estáticos. Los de ahora son dinámicos, dan la impresión de estar alegres por su trabajo.

Las linternas especifican más la salida del rayo luminoso, resaltado por un círculo, en este caso más limpio, si se compara. Y el hecho de que se hayan dibujado las linternas encima de la cabeza, podría significar que éstas, son parte de ellos que están dispuestos en cualquier momento a actuar, no están separadas de ellos. Lo que explicaría muy bien es que de un tiempo a esta parte no le da tanta pereza, a veces, en hacer la visualización. Recordemos que es un niño de ocho años y a veces se va a la cama rendido por el trajín del día y solo está para tumbarse y cerrar los ojos.

15-8-2012

Jueves 16 de agosto

No dejo de recibir señales, lo cual me llena de esperanza. Siento que, de esta manera, puedo mantener mi conexión con Dios. Ayer estuvimos en casa de Silvia, hermana de Elena. Durante la cena, noté un coche frente a la terraza donde estábamos. Dentro, había tres jóvenes, y uno de ellos, Fabián, se acercó a nosotros al notar que Carlos parecía tener algún problema. Fabián, a quien operaron de un tumor cerebral hace 19 años, nos contó que le habían dicho que no viviría mucho. Sin embargo, aquí estaba, mostrándonos su cicatriz y su vida. Me habló de cómo, a veces, no sabemos cómo las enfermedades se curan.

Sábado 18 de agosto

Los acontecimientos se multiplican y las señales se hacen confusas. Ayer, en el aeropuerto de Barcelona, tuve problemas con la aduana. Parecía que había hablado con la persona equivocada, pero después me contactó la auténtica Sra. Begoña, quien me pidió llevar todos los documentos clínicos y presentarme en persona para solucionar el problema. A pesar de la confusión, algo me dice que esto es parte de un plan mayor.

Carlos y yo fuimos elegidos para una misión importante. Un dinero reunido para tratamientos de personas con enfermedades incurables podría perderse si no conseguimos rescatarlo. No solo se trata de dinero, sino de no perder más tiempo. Con el apoyo de una persona clave, el jefe de aduanas, esperábamos poder solucionar todo.

En medio de esta incertidumbre, Bruno me habla con una confianza profunda. Me dice que Carlos tiene un alma poderosa, proveniente de una familia galáctica. Me asegura que hemos compartido vidas pasadas, y nuestra conexión es especial. Bruno, con una calma única, me comparte que está en contacto constante con los ángeles, y que la energía de Carlos también es especial, cargada de buenas vibraciones. Todo esto lo escucho con una serenidad que parece venir de otro plano.

Bruno también ve algo en mí. Me advierte sobre un sentimiento de culpabilidad que me acompaña, algo que debo investigar por mí mismo. No me juzga, pero me guía, y me dice que algunas de mis emociones están ligadas a mi vida actual y a mis relaciones. Este consejo me hace pensar en la importancia de explorar más a fondo estas sensaciones.

Me inicia en Reiki, un camino espiritual y de sanación, con la condición de practicarlo con Carlos a diario. Estoy ansioso por aprender, porque siento que este es un regalo profundo, una forma de conectarme con el universo y de ayudar a otros. Reiki, según Bruno, es un canal de energía universal, una energía vital que circula a través de todos nosotros. No se trata de curar con nuestra voluntad, sino de ser un conducto para que esa energía fluya, curando lo que se necesite.

El curso de Reiki será de veintiún días, y Bruno me explica las reglas: el receptor debe pedirlo, y debe haber un intercambio energético. Durante este proceso, siento que me estoy abriendo, y aunque es un reto, tengo la sensación de que estoy siendo guiado por fuerzas mayores. Al finalizar mi iniciación, me siento en paz, en calma, y como si estuviera conectado con algo mucho más grande que yo mismo.

Domingo 19 de agosto

Hoy realicé mi primera sesión de Reiki a Carlos. Lo preparé todo con cuidado: utilicé la pecera para el agua, encendí una vela, una varita de incienso y puse música relajante con sonidos del mar. Al ver que Carlos ya estaba tumbado con los ojos cerrados, me sentí listo para comenzar. Invocando las fuerzas del Universo, empecé la sesión, conectando con la energía y fluyendo a través de mis manos.

Al finalizar, le di un beso y le agradecí por permitirme compartir este momento. Sentí que mis manos estaban calientes y, en ocasiones, un ligero cosquilleo en mis muñecas. Aunque fue una experiencia tranquila, sentí satisfacción de haber hecho algo más por Carlos. Me hizo sentir bien, como si estuviera haciendo lo correcto.

Más tarde, repetí la práctica conmigo mismo. Este es un proceso que quiero integrar a mi vida, no solo como un regalo para Carlos, sino también para mí. Los 21 días de práctica me los tomo en serio, aunque reconozco que mi vida no es completamente saludable. Todavía bebo, fumo y como cosas que no deberían ser parte de una vida sana. De todos modos, poco a poco intento encontrar el equilibrio.

Miércoles 22 de agosto

Para Bruno, es crucial que todo encaje y las fuerzas se alineen. El trabajo con Carlos es parte de una preparación para un evento importante. Hoy comenzó su tratamiento, que durará aproximadamente tres meses. En cuatro sorbos, bebió su primer vaso de naranja exprimida con un poco de polvo mágico, y el beneficio inmediato fue que por fin pudo ingerir una naranja, algo que no hacía desde hace años.

Este momento me hace reflexionar sobre quienes pueden estar en el mismo camino o quienes no entienden nada de esto. Sea cual sea la postura de cada uno, mi deseo es que todos encuentren «LUZ». Que se acerquen a ella, que los llene en todo su ser. Respira el sol, su energía, y quizás, al empezar por allí, se abra un mundo nuevo para ti.

Nunca me imaginé estar en este mundo, pero al mirar hacia atrás, empiezo a conectar pequeñas experiencias de mi vida con lo que está sucediendo ahora. Como dijo un amigo, ahora me agarro a un clavo ardiendo. Ese clavo para mí es la LUZ, y es lo que me da esperanza y dirección en este camino.

Jueves 30 de agosto

Vivir con conciencia es vivir en unicidad con el momento presente, aquí y ahora. Cualquier creencia o enseñanza que se afirme, se convierte en parte del pasado, en algo que ya no es. Experimentar esta unicidad en el ahora nos convierte en creadores de nuestro ser, sin oposición interna, sin resistencia a lo que este momento sea. Al dejar ir esa resistencia, se disuelve lo falso en nosotros, la estructura egoica que se perpetúa a través de la resistencia interna que le imponemos.

La mente fabrica ese «yo» a través de la resistencia, alimentado por el deseo y el miedo proyectados hacia el futuro. Queremos un futuro que nos complete, o tememos que algo en él nos disminuya. Pero en realidad, lo importante es conocernos más allá de esas proyecciones, más allá de la forma que creemos ser.

Eckhart Tolle lo explica de una manera sencilla y profunda en *El poder del ahora*, un libro que considero fundamental para entender esta forma de vivir.

Miércoles 5 de septiembre

Seguimos alineados con el Universo, y con ello, Carlos va recuperando movilidad, equilibrio, energía y el valor necesario para enfrentar la vida. Su deseo de volver al colegio, participar en entrenamientos de fútbol y tomar clases de piano son logros que me llenan de admiración.

Sus emociones también se han fortalecido; ya no llora con la misma facilidad. Ayer, por ejemplo, lo despertamos de la siesta por circunstancias imprevistas, lo que lo hizo llorar con una tristeza profunda que conmovió a todos. Más tarde, me explicó que la razón de su llanto era que habíamos interrumpido su sueño, aunque un poco después me dijo que era porque había estado pensando en mí.

Mi reacción fue llevarlo de nuevo a la cama y darle un bastón para que pudiera liberar su rabia golpeando el colchón mientras gritaba. Al salir de casa, le recordé que respirara SOL, algo que le ayuda a encontrar calma.

Lo que me ha quedado claro es que Carlos está conectado conmigo, que de alguna forma, está sintiendo y entendiendo las emociones y situaciones que a veces me cuesta expresar, especialmente cuando tengo que hablar de lo que dicen los médicos. Ahora sé que, incluso en esos momentos difíciles, Carlos está allí, conectando conmigo de una manera profunda.

Viernes 14 de septiembre

Carlos ha comenzado el colegio, con dos horas de clase y, por supuesto, el recreo, que para él es muy importante. A pesar de todo lo que ha vivido, sabe reconocer su «yo» interno, ese «yo» con el que puede enfrentarse o no. Ese «yo-Patufet» que me reconoció que le ayudaba e indicaba qué jugada hacer para ganar al parchís.

Al principio, decidió no ir más al recreo, pero tras hablar con su madre y con Juanan (el jefe de estudios), establecieron una estrategia para ayudarlo en su adaptación. Hemos hablado varias veces sobre cómo podría responder de manera divertida a las preguntas sobre su peinado, porque en el fondo, no tiene por qué decir siempre la verdad. Carlos nunca miente y es incapaz de burlarse de los demás, pero tal vez necesitamos enseñarle a ser un poco más directo, incluso rudo, si la situación lo requiere.

Lo importante es que Carlos sabe lo que enfrenta, y mañana volverá al recreo con una nueva actitud, dispuesto a enfrentarse a lo que venga.

Por mi parte, hoy me toca con Marisa y por la tarde con Bruno, para iniciarme en el segundo nivel de Reiki, lo que me tiene bastante expectante.

Martes 18 de septiembre

Elena y yo comenzamos a hacer sesiones de Reiki a Carlos, cada uno trabajando en una parte de su cuerpo. Carlos disfruta mucho, jugando en su mundo imaginario, y me emociona ver cómo esta práctica nos une como padres.

A lo largo de todo este proceso, aprendí a cuestionar la medicina convencional. Aunque al principio me sentía perdido, al ver a Carlos luchar por vivir, me di cuenta de que el tratamiento con tóxicos no era la solución. Gracias al Dr. Alberto Mati Bosch, que promueve un enfoque más holístico, descubrí que los alimentos y la medicina natural pueden ser la clave para la sanación.

Ahora, fuera del hospital, seguimos con tratamientos alternativos como Reiki, homeopatía y visualizaciones, en concordancia con el universo para sanar a Carlos. Este proceso me ha enseñado a vivir en el presente y a ser agradecido por cada momento, sin miedo al futuro. Confío en que todo lo que estamos haciendo está alineado con la voluntad divina.

Viernes 21 de septiembre

En la sesión de Malén, se trabajó en la canalización de la energía a través de los nervios, especialmente en la cervical, que conecta con las piernas. Aunque Carlos puede correr algunos metros, aún no tiene la capacidad de saltar de una silla al suelo, pero es muy consciente de sus limitaciones y de cómo se puede superar cada día más. Su madre lo describe como perfeccionista, siempre buscando hacer todo con precisión, como cuando de pequeño organizaba los coches de juguete con una separación exacta.

En un día cualquiera, Carlos le explicó a su madre que, al abrir un sobre de cromos, enviaba «LUZ» para no recibir repetidos. Eso me hizo darme cuenta de cómo él ya estaba empezando a utilizar la energía universal en su vida cotidiana.

Hoy, después de una clase de piano, fuimos con Carlos al mar a respirar SOL, y luego tuvimos otra sesión de Reiki en casa. Al final del día, mientras Carlos se quedaba dormido, me senté a escribir estos pensamientos.

Recuerdo un caso en casa de María, madre de Malén, cuando usé Reiki para ayudar al gato de María que sufría insuficiencia renal. Mientras le aplicaba Reiki, la cola del gato se movía, como si estuviera agradecido. A pesar de que al día siguiente el gato falleció, confiamos en que fue la voluntad divina y agradezco profundamente esa experiencia.

Viernes 5 de octubre

Marisa nos mostró una variante de la carta astral, más precisa, que clasifica a las personas en cuatro grupos. Carlos pertenece al grupo de los «manifestadores», que representan solo el 8 % de la población. Estas personas son mandatarios y líderes, pero su ego es muy marcado y su vida gira en torno a ese ego. Esto influirá en sus decisiones y en cómo actúa. Carlos, por ejemplo, tomará decisiones que más tarde podría lamentar, ya que actúa de manera emocional, como una ola. En los momentos bajos, podría sentirse que se ha equivocado, pero al entender esto, sabrá esperar a volver a estar en la cresta de la ola. Su base de actuación será emocional y seguirá lo que le dicte su corazón, aunque esto lo lleve a acumular rabia.

Hoy me encontré con Carmen, la de los sueños. Me comentó un sueño en el que le regalaba gemas y se sorprendía por qué no guardaba esas gemas para Carlos. Le expliqué que él ya tenía una gema, especialmente una muy poderosa que se encuentra debajo de su cama.

Además, Malén me comentó que ha solicitado tres tratamientos de «Moringa» para Carlos, con el visto bueno del Dr. Tolo. La Moringa proviene de México, de una señora con una plantación del «árbol de la vida», y el tratamiento de tres meses tiene un costo de 17 €. Esta señora prioriza la expansión de la Moringa por el mundo antes que el lucro, lo que hace que el costo en México sea mucho más económico que el de una plantación en Almería, España. También vi el árbol de Moringa que Malén plantó en su jardín, el cual ya tiene un metro de altura.

Domingo 14 de octubre

Esta mañana vi la conferencia n.º 50 de Alessandro Di Masi sobre «Sanergía» en Valencia, donde al final hizo un experimento participativo que impresionó a los asistentes. En él, se trataba de percibir la energía con las manos. Al estar en Llubí, en plena naturaleza, me aparté del grupo y decidí probar lo que había visto en el video. En un momento, percibí lo que creo que era mi aura, pudiendo tocar, presionar y moldear la energía de una forma increíblemente fácil. Para intentarlo, hay que relajarse, mantener las manos caídas, y lentamente mover una mano en círculos mientras la otra permanece quieta. Después, cuando notes la energía, mueve las manos y juega con ella, presionándola o desplazándola.

En la revista *DSALUD Discovery*, que Alessandro menciona, se discuten varios temas sobre la salud. Un artículo que me llamó la atención hablaba sobre el cáncer y cuestionaba la efectividad de la quimioterapia. Destacaron el *AMAS*, un método infalible para detectar cáncer, que se basa en una simple muestra de sangre y no en procedimientos como TAC o Resonancia Magnética. También mencionan la *hipertermia*, que aumenta la temperatura corporal para tratar el cáncer, un enfoque que podría estar relacionado con terapias como el Iscador, que también incrementa la temperatura corporal como efecto secundario.

Además, la medicina ortomolecular se presenta como un tratamiento natural que utiliza sustancias como ajo, cebolla, tomate, té, col, brócoli y vitaminas A, B-17, C y E, entre otros, que son considerados anticancerígenos. También mencionan la aplicación de productos como el nogal negro y la artemisa para combatir parásitos patógenos. Sin embargo, en España, los estudios sobre cáncer que no sigan las normativas oficiales a menudo son censurados y penalizados, lo que limita el acceso a tratamientos alternativos.

Martes 30 de octubre

Hoy pasé un rato con Nina, una maestra como Malén, quien ha sido una gran guía para mí. Le conté sobre la captación de energía y mi trabajo con Carlos, y me alentó a seguir disfrutando del proceso. Nina destacó que lo más importante en el Reiki y otras terapias es la intención, la conexión con lo divino, y actuar siempre con gratitud, respeto y honestidad. También me recordó que la conciencia es clave en todo, desde tocar el piano hasta proteger a tu entorno con la energía.

Me animó a compartir mi diario, ya que cree que podría ayudar a otros. En Reiki, dijo que las energías malas suelen acercarse cuando trabajas con las buenas, pero lo esencial es recordar que no somos nosotros quienes sanamos, sino que somos canales de energía. También me dio el consejo de pedir que me muestren lo que necesite saber durante las sesiones con Carlos y guardar cualquier mensaje que no entienda de inmediato. Al limpiar su aura, me recomendó imaginar una «ventanita» para liberar lo negativo y purificar la energía, un proceso similar a la alquimia.

Gracias a Nina por sus valiosos consejos.

Sábado 10 de noviembre

El martes, como cada semana, vamos a casa de Malen para una sesión de Diafreo, así se llama. En la sesión se realizan diversas actividades, terminando siempre con la visualización. Hace dos días comenzó lo que sería el quinto dibujo, realizado tres meses después del último. Eso significa que han transcurrido quince meses desde la primera visualización. Palabras textuales de Carlos: "¡¡¡NO HAY MANCHAS!!!". Es cierto que el último día en casa de Malen aún se observó alguna mancha, pero al día siguiente ya habían desaparecido.

Le mostramos el dibujo a Malen y, sinceramente, se sorprendió por el colorido y la estructura, especialmente al notar la inclusión de las vértebras en la columna. Valoró los chakras representados, aunque observó la ausencia del plexo solar, que simbolizaría las emociones. Muy significativo.

Lo que más me ha sorprendido es la dedicación del dibujo que rinde homenaje a su madre y a mí, ubicado en la parte izquierda de la imagen. Se aprecian cuatro enanitos en la parte superior derecha, que representan cuatro chakras encargados de una vigilancia permanente. Él conoce el significado de los chakras; hace poco le expliqué que cada uno posee un color característico del arco iris. Si observamos los colores, estos chakras, de izquierda a derecha, serían: el chakra raíz (rojo), el chakra del corazón (verde), el chakra del tercer ojo (cian) y el chakra coronario (violeta). Además, no podían faltar el ejército de enanitos, esta vez con haces de luz mucho más próximos que en los dibujos anteriores, claramente influenciados por la unión de colores como el amarillo y el rojo.

Me decía a mí mismo que este dibujo no podría superarse en cuanto a colorido y forma, aunque lo más importante es el contenido. Y el contenido de este último dibujo indica claramente que no hay manchas en su cerebro ni en su columna vertebral. Soy feliz porque has logrado una hazaña increíble. Aplaudo tu trabajo, mi niño; te lo mereces.

Miércoles 14 de noviembre

Marcelo estuvo en casa y trabajó en el jardín Zen de Carlos, energizando las gemas, especialmente la turmalina negra, a la que dedicó mucho tiempo. Cuando le pregunté por qué, me explicó que la turmalina estaba baja de energía y necesitaba ser limpiada. Le conté que la turmalina se utiliza para proteger de radiaciones y está en la mesita de noche de Carlos, separando un cruce de líneas Hartman. Hace meses, usamos varillas para cambiar la posición de la cama debido a estas líneas.

Marcelo trabaja con energía, al igual que yo con el Reiki. Me dijo que la técnica que uso es similar a la suya: detectar y mover la energía. Le hizo una sanación completa a Carlos en dos sesiones, ya que él necesitó descansar. Después del primer encuentro, noté que Carlos tenía un cuerpo energético más grande. Solo mencionó un «nudo» en la garganta, probablemente debido al resfriado que tiene, y Marcelo intensificó la energía en esa área.

Viernes 23 de noviembre

La homeopatía se basa en la idea de que una sustancia que causa síntomas similares a los de una enfermedad puede curarla cuando se administra en dosis extremadamente diluidas. Samuel Hahnemann, un médico alemán, desarrolló esta práctica a principios del siglo XIX, influenciado por las teorías de Paracelso, un médico y alquimista suizo del siglo XVI.

Los principios fundamentales de la homeopatía son:

1. «Lo semejante cura lo semejante», es decir, las sustancias que causan síntomas similares a los de una enfermedad pueden curarla.

2. Se administra solo una medicina a la vez.

3. La menor cantidad posible de la sustancia es la más eficaz.

4. La actitud positiva del paciente es esencial.

Los medicamentos homeopáticos se preparan mediante un proceso de dilución repetida y agitación vigorosa, lo que se cree transmite una «energía vital» al organismo del paciente. Aunque la homeopatía es ampliamente utilizada, aún no se comprende completamente cómo funciona, y los defensores creen que los síntomas son signos de los esfuerzos del cuerpo por curarse a sí mismo.

En la primera consulta, el homeópata realiza un examen físico y selecciona un único medicamento. Si se elige el medicamento incorrecto, se intenta con otro, ya que la respuesta inicial puede empeorar los síntomas, lo que indica que el organismo está reaccionando y comenzando a curarse.

Lunes 3 de diciembre

Hoy revisé los análisis y me sorprendió ver que las plaquetas de Carlos subieron a 83 000 y que su vitamina B-12 y ácido fólico están en niveles normales. Esto indica que no tiene anemia. Su peso ha subido a 22.6kg, lo que es un gran avance, pues hace dos semanas estaba en 21.1kg.

Carlos está atravesando una recuperación increíble, tanto a nivel físico como mental y espiritual. Aunque en el colegio le cuesta un poco seguir el ritmo de sus compañeros, ya no me preocupa. Lo más importante es que está evolucionando maravillosamente en todos los aspectos. Su tratamiento con muérdago sigue bien, y aunque no puedo asegurar al cien por ciento sus efectos, siento que su mente juega un papel fundamental en su sanación. Ya terminó el tratamiento de los indios, y ahora estamos por empezar con la Moringa. Sé que todo esto contribuye a su recuperación. Verlo correr con tanta energía me confirma que está avanzando como nunca antes desde que comenzó a caminar nuevamente.

Lunes 17 de diciembre

Hoy tuve un sueño que inicialmente no escribiría, pero al reflexionar, creo que su interpretación podría ser diferente a lo que pensaba al principio. En el sueño, estaba con Carlos y una máquina que registraba con números sus estados emocionales, como si fuera un SCIO. Sobre los números, aparecían franjas de luz, similares a las de un indicador de volumen en un aparato de sonido. La persona que interpretaba la máquina dijo que todavía registraba la enfermedad.

Ayer, mientras estábamos en la caseta de campo, Carlos entró en la casa quejándose de un dolor de cabeza causado por un balonazo. Mi mente rápidamente conectó este dolor con los «síntomas» que insisten en las analíticas, y en un instante, pensé que no podían estar relacionados, pero aun así me quedó la duda.

Hoy, después de la extracción de sangre, me encontraba con Carlos al final de un pasillo del hospital, disfrutando de unas vistas preciosas a Palma. Era un lugar tranquilo, alejado del bullicio del hospital, y estaba escribiendo unas palabras. Carlos no quería ir al aula a estudiar, prefería jugar con su maquinita, y yo accedí, pues las prioridades han cambiado.

Le entregué un certificado al médico de turno para que lo completara, solicitando una ayuda económica al gobierno, y esperamos el resultado.

Este invierno, nos regalamos un viaje a Córdoba para visitar a los primos de Carlos y su madre, que lleva el mismo nombre que Elena. Será la primera vez que Carlos suba a un avión. El Dr. Tolo sabía que íbamos de viaje y, preocupada por posibles problemas con las jeringas del tratamiento de muérdago en el aeropuerto, nos ofreció redactar un informe. Así, nos sentimos más tranquilos por si surgía algún inconveniente.

Respecto a los análisis, aunque las plaquetas han subido, los resultados son estables, y aunque hay algunos componentes fuera del margen normal, la mayoría sigue normalizándose. El médico sugirió que en la próxima analítica consideremos realizar una resonancia magnética para revisar cómo está todo, y me preguntó si Carlos necesitaría anestesia para el procedimiento. Aunque no fue una sorpresa, me temía que llegáramos a este punto.

Miércoles 25 de diciembre

Anoche no hablaré de la exquisita cena fuera de casa ni de los regalos, aunque la mayoría fueran juegos de maquinita, ni de lo especial de la noche para los niños. Carlos estaba feliz, impaciente por la llegada del «Bola Roja», como algunos niños cariñosamente llaman a Papá Noel, y que es su primer encuentro con la realidad de los adultos. Es el primer golpe que reciben para entrar al mundo irreal de los mayores.

Al llegar a casa, Carlos miró debajo del árbol de Navidad en busca de regalos, pero no encontró ninguno y me preguntó si Papá Noel todavía estaba repartiendo los regalos en las casas. A las cuatro de la madrugada, algo me despertó. Carlos estaba durmiendo como un ángel en mi cama. Decidí ir por la magia. Aunque este año no hubo mensaje del «Bola Roja», Carlos recibió una carta del Polo Norte, en la que Papá Noel se disculpaba por el cambio de formato y le deseaba felicidad para jugar con todos los regalos.

Quiero hablar de algo importante: Elena se fue esa noche con una amiga, y si me hubiera dicho que no dormiría en casa, hubiera actuado de otra manera. Ahí está el problema, en cómo se hacen las cosas. Está claro que para mí hay una manera específica de hacer las cosas, pero sé que eso es solo mi «ego» hablando. No puedo criticar ni culpar el comportamiento de su madre. Asumo mi responsabilidad y agradezco que haya alguien que ponga los regalos bajo el árbol. Otra opción habría sido coger los regalos y, cuando Carlos despertara, decirle que Papá Noel los dejó en otra casa.

Carlos es muy querido por ser valiente y se merece todo. Muchos niños han incluido algo para él en sus cartas. Al reflexionar, pienso que lo que me despertó a las cuatro de la mañana fue una señal para colocar los regalos. Dilema resuelto. Prepararé la cámara de fotos para cuando Carlos despierte. Papá Noel trajo regalos para todos esa noche. ¡Ah! Y se comió las galletas.

Martes 8 de enero de 2013

Esta mañana, estuvimos con Carlos en una sesión extraordinaria de SCIO, motivada por el comentario del Dr. Tolo sobre la médula ósea. Audrey y su máquina podrían ayudar a registrar lo que está pasando. Me preguntó sobre los medicamentos y le mencioné que solo toma Kepra. La máquina registró un leve resfriado, y aunque los niveles de azúcar eran un poco altos (113-117) por los dulces de las fiestas, no había nada grave. También registró algunos niveles fuera de lo normal relacionados con las deposiciones, por lo que programó la máquina para trabajar en el sistema inmunológico, la sangre, la columna y los huesos. Al final, los índices de la máquina eran normales, y no había signos de enfermedad. Audrey nos dijo que estará fuera de Mallorca por dos meses, y si surge algún problema, deberíamos contactar a Val.

Después de la sesión, Carlos no fue al colegio y descansó un rato. Carmen vino a casa para repasar inglés, y por la tarde, fuimos a la casa de Malén para retomar las sesiones de canalización de energía (Diafreo). Le pregunté a Malén sobre la visualización y me explicó las tres que Carlos tiene. La principal es visualizar una bola de energía que ilumina todas las células del cuerpo, especialmente la columna vertebral, y termina con las células felices y brillando. Luego, Carlos visualiza que está escribiendo con la mano derecha y corriendo jugando al fútbol.

Estoy impresionado por la sabiduría de Malén, que también me mostró los árboles de moringa que plantó, aunque no sobrevivieron al clima. Me explicó que la moringa se utiliza para producir biodiesel, y una empresa en

Almería compra toda la producción de cualquier agricultor. En el País Vasco, el producto se vende a 27 € por un kit que incluye dos frascos de moringa y hierbas aromáticas.

Miércoles 9 de enero

Mi padre, lo más probable, salga mañana del hospital después de 21 días ingresado. Su alta se ha retrasado debido a una bacteria *made in center* que le provocó una infección, acompañada de fiebre, y que tuvo que ser tratada con antibióticos intravenosos.

Que yo recuerde, nunca antes había caminado de la mano de mi padre. Sin embargo, en el hospital, lo hice mientras recorríamos juntos los pasillos para ayudar a reducir la hinchazón de sus pies, causada por el tiempo prolongado que pasó sentado sin ejercitarlos. Para mí, fue un momento especial: asir la mano de un padre al que siempre he querido tener cerca y que ahora, aunque solo sea en este instante, siento presente.

Bien por las ganas que le has puesto a la vida. Y aunque a veces te sobre soberbia, eres como un niño que estalla en llanto al ver acercarse el final sin aspiraciones de cambiar esa vida que consideraste injusta, sin haber podido moldearla a tu antojo. Me conmovió escucharte contarle a un celador del hospital que habías sido piloto de la marina, surcando el Mediterráneo a bordo del *Bidasoa*. Me parece bien que resumas tu vida en esos dos años de servicio a la patria como soldado de la marina y que los recuerdes como los mejores momentos de tu vida. Sea como sea, hiciste lo mejor que supiste, y eso lo tengo claro. Aunque, a lo largo de tu camino, cargaste con una desilusión que te marcó como una persona insatisfecha. Bueno, me alegro de que todo haya salido bien. Quizás, en otra vida, seas Capitán de Marina.

No te lo vas a creer: Carlos me ha dejado boquiabierto, celebrando su logro con entusiasmo. Se trataba de adivinar, con el movimiento de un péndulo, el dibujo oculto detrás de una carta de naipe. Había un total de cinco dibujos escondidos: un cuadrado, una estrella, un círculo, unas líneas onduladas y el signo de la suma. Le expliqué cómo un péndulo puede ayudarnos a encontrar respuestas rápidas a dilemas, alimentos o cualquier otra cosa, indicándonos si algo es beneficioso o no para nuestro cuerpo. Un péndulo puede fabricarse con tan solo una bola de papel atada a un cordel.

Para empezar, debía identificar el movimiento afirmativo y negativo del péndulo antes de iniciar el juego. El método es simple: se formula una pregunta cuya respuesta sea "sí" o "no". No es fácil, requiere paciencia y dejar que el péndulo se mueva por sí solo.

Para ser la primera vez que lo intentaba, prestó mucha atención. Cuando le dije que, sin el péndulo, adivinar las cartas era casi imposible, decidió aceptar el reto. Barajé las cinco cartas varias veces, asegurándome de que fuera imposible deducir cuál escondía cada dibujo. Luego, le mostré una carta boca abajo y, en su primer intento, Carlos acertó. Pensé: *la suerte del principiante*. Pero cuando pasó a la segunda carta y volvió a acertar, y luego con la tercera, la cuarta y la quinta... me quedé sin palabras.

Ahora que no hay manchas, su nueva visualización se basa en la energía y las células. En el dibujo que hizo hoy, un círculo representa su barriga llena de luz, con líneas de colores para identificar los intestinos. No hay una tonalidad predominante porque toda la zona está completamente iluminada. Un cuadrado con diferentes colores —para no hacerlo todo rojo, según sus propias palabras—

representa una bola de energía, donde la parte superior simboliza el nivel máximo y la inferior, el mínimo. Esta vez, el número de chakras ha aumentado a seis.

Sobre el círculo, ha dibujado unas escaleras que conducen a la siguiente visualización de las células. En este dibujo, no solo ha añadido la fecha, sino que también lo ha rubricado y nos lo ha dedicado. Pienso que lo ha hecho como un símbolo de sosiego, calma, tranquilidad y disfrute ante los hechos.

¡Insuperable, mi niño!

Otra cosa que me ha llamado la atención es el movimiento giratorio que ha representado, similar a los vórtices de los chakras, esos puntos de energía que giran como ruedas para dirigir el flujo energético.

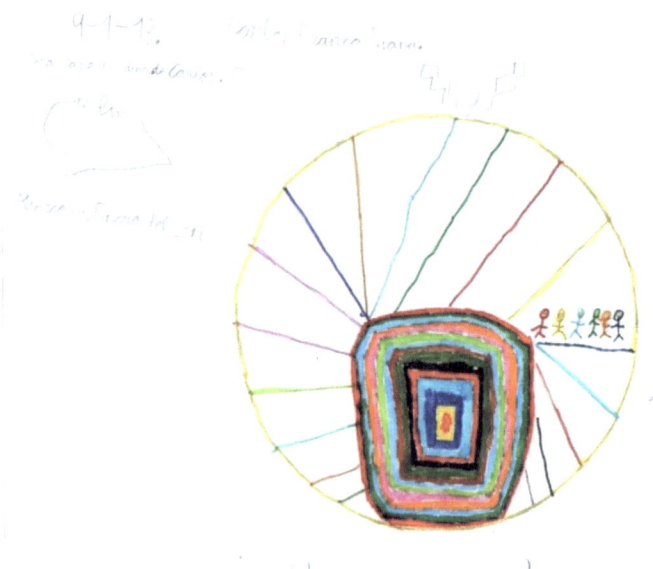

Miércoles 16 de enero

Hoy he recibido un paquete de medicamentos de los laboratorios Interrasalud y enseguida envié un correo de agradecimiento. Más tarde, otro laboratorio me informó que enviaría más medicamentos a la consulta del Dr. Tolo. Me puse en contacto con él para disculparme por el trajín de la carta y pedirle la posología de un nuevo medicamento que nos enviaron, basado en bacterias probióticas y fibras prebióticas, que ayuda a regular el metabolismo intestinal.

También le consulté sobre la resonancia que los médicos quieren programar para el día 22. El Dr. Tolo me explicó que, aunque no es urgente, es importante no cerrarse a la posibilidad de hacerla, ya que podría ser útil en el futuro para verificar problemas con la válvula o cualquier otra complicación. Si el resultado es negativo, será nuestra responsabilidad darle el significado adecuado; si es satisfactorio, deberemos esperar el tratamiento y decidir si aceptarlo o no, con todo el derecho de negarnos. Creo que el Dr. Tolo quiere ver cómo está la médula después de la dosis de Camphora. Tendremos que prepararnos para ello.

Reflexionando sobre esto, me resulta difícil pensar en el futuro de Carlos, en si enfrentará más problemas o no. Pero sé que solo Dios lo sabe, y cada día agradezco tenerlo a mi lado. En cuanto al colegio, creo que Carlos debe enfrentarse a sus retos, sin suavizar el camino para él.

Martes 22 de enero

La vida nos ha regalado unos días tranquilos en contacto con la naturaleza, en nuestro refugio apartado. Carlos, a veces, parecía estar al borde del agotamiento, pero su energía no se detenía, como un gladiador que sigue luchando. Sus fuerzas siguen creciendo.

Celebramos las fiestas de Sant Antoni con una gran hoguera de tres metros de altura, utilizando madera reciclada. En la hoguera, se quemaron dos retratos hechos por los niños, el Monje y el Demonio. El Dimoni ardió primero, superando al Monje, con llamas que alcanzaron hasta seis metros. Fue un espectáculo impresionante.

Hoy en la analítica, los índices muestran algunos cambios: aunque algunos componentes bajan, otros suben. Las plaquetas han bajado de 90,8 a 83,8. En cuanto al peso, la báscula de casa marcó 22,8 kg, pero en el hospital, con ropa y más tarde, fue 21,6 kg. Creo que en el hospital ajustan el peso a propósito, ya que, al comprobarlo en casa, la báscula daba el peso real.

Sobre la resonancia, los médicos nos sugirieron no realizarla, mostrándose por primera vez comprensivos con los padres. Nos han citado para el mes de marzo y programarán la resonancia entonces.

Después, estuvimos en casa de Malén para una sesión de Diafreo. Aproveché para preguntarle sobre algo curioso: desde que todo comenzó, Carlos me llama «¡eh mamá, papá!» y a su madre «papá, mamá». Malén me explicó que Carlos tiene confundidos los roles. Uno de los padres ha asumido más el rol materno y el otro el paternal. Este cambio está sacando a la luz muchas emociones acumuladas. Ahora entiendo por qué, cuando su madre se acerca para darle un beso de buenas noches, él lo rechaza, apartándose. Elena se siente frustrada y le pregunta por qué lo hace. Malén compartió que, en otros casos, como cuando una niña fue separada de su madre por una semana, al regresar, la niña reaccionó dándole patadas por la rabia acumulada. A veces, cuando no hemos podido liberar esa rabia guardada, aflora en momentos de tensión.

Sábado 9 de febrero

No hay vuelta atrás; el pasado ya está, y el «ahora» es una nueva realidad que voy a crear. Carlos no tiene cáncer; esa es la verdad que sostengo y que he escrito en este diario desde hace un año. Desde el principio, he creído en su sanación y he creado la realidad de que está curado, a pesar de lo que digan los médicos.

A menudo, permití que mis pensamientos se influenciaran por lo que otros decían: médicos, amigos, la televisión. La creencia general es que la enfermedad termina en muerte, pero me pregunto: ¿por qué algunas personas sobreviven? Me doy cuenta de que la mente juega un papel crucial; el miedo y el recordatorio constante de los médicos pueden atraparnos en una red que nos hace imaginar el peor final.

Jueves 14 de febrero

Está claro que estamos despertando y aprendiendo, y las fuerzas cósmicas nos están ayudando. Con tantos anuncios del fin del mundo en los medios, quizás estemos atrayendo esos cambios a nuestra Madre Tierra. Observamos cómo la información se manipula para que no pensemos en lo que realmente importa. Imágenes de horror, seguidas de programas de entretenimiento, nos distraen de la realidad.

Los gobiernos parecen marionetas que no buscan solucionar los problemas de la humanidad. En lugar de acabar con el hambre, la enfermedad y la violencia, crean conflictos y alimentan la discordia. Somos cómplices al consentir que unos pocos destruyan miles de vidas.

Es evidente que algo ha cambiado. La luna, por ejemplo, ahora se dibuja en el cielo de formas diferentes. Algunos hablan de un planeta de otra galaxia, conocido como «Nibiru», que provoca alteraciones en nuestro sistema solar. Otros mencionan la influencia de un asteroide o los temblores de la Tierra. A principios del siglo pasado, se observó una alteración en la órbita de Plutón.

Se dice que los polos cambiarán de lugar, y los libros de Kryon, canalizados por Lee Carroll, relatan que este ser vino para reajustar la rejilla magnética de la Tierra, permitiéndonos acceder a nuevas vibraciones. Incluso los sumerios, hace 3600 años, representaban la luna en forma de «U» y un sistema solar con diez planetas, anticipando estos cambios que hoy comienzan a hacerse evidentes.

Sábado 16 de febrero

Todo está bien y en armonía. Carlos sigue sonriendo, canalizando su rabia a través de gritos y golpes a la cama, pero eso no interfiere en nuestro camino. Hemos vuelto a las sesiones de Reiki y a salir en bici, disfrutando juntos de momentos en la plaza redonda de can Pere Antoni. Me preocupa un poco su agotamiento al llegar a casa. Va al colegio cuando quiere y realmente disfruta de ESTAR. Avanza con Malén, expresando sus emociones y visualizando sus metas, como resolver matemáticas y tocar el piano con mayor agilidad. Hoy, tras 52 años, celebro lo que es el mejor regalo que podría recibir. ¡Felicidades, mi niño!

Martes 19 de febrero

Hay una revolución de mentes en internet que nos invita al despertar de la humanidad, recordándonos que somos más que seres que pasan por la vida. Hemos olvidado el poder que llevamos dentro; Jesucristo nos enseñó que el reino de Dios habita en cada uno de nosotros.

Observamos cómo los animales, en momentos de crisis como el tsunami de 2004, demuestran una intuición que nosotros hemos perdido. Solo utilizamos una pequeña parte de nuestro cerebro porque no hacemos nuevas conexiones con el Universo, la Naturaleza, y con nosotros mismos. Desde pequeños, estamos condicionados a pensar de manera limitada por una educación que no siempre tiene sentido. Los que sobresalen a menudo son aquellos que no encajan en un sistema rígido.

Me pregunto: ¿quién vive de manera extraordinaria y se conecta con el agradecimiento por cada nuevo día y por los regalos que nos brinda la Tierra? Estas preguntas a veces son difíciles de contestar, y la mente permanece dormida. Si no reflexionamos, podemos seguir en esa inercia sin rumbo.

El mundo sigue su curso, con eventos que a menudo no entendemos ni nos afectan, como la dimisión del papa o los secretos ocultos de la historia. Me siento perdido ante tanta información y me pregunto qué puedo crear desde esta pasividad. A veces, me siento abrumado por el odio y la frustración, y me preocupa el legado que dejaremos a las futuras generaciones.

Albert Einstein planteó que el mal es simplemente la ausencia del bien en el corazón humano, como la oscuridad es la ausencia de luz. Esto me lleva a reflexionar sobre la presencia de Dios en nuestras vidas, y cómo nuestra conexión con lo divino puede guiarnos hacia un mundo mejor.

Sábado 23 de febrero

Al reflexionar sobre este diario y la trayectoria de la enfermedad, reconozco un resurgir y un renacer. Aunque el cuerpo haya perdido facultades físicas y mentales, eso no impide llevar una vida autosuficiente. Estoy convencido de que estas limitaciones se pueden recuperar. Si somos capaces de crear nuestra realidad, debemos empezar por creérnoslo a nosotros mismos. Es fundamental dejar atrás el pasado y olvidar la enfermedad; así, al mirar el portacath o la válvula en la cabeza, puedo cancelar los pensamientos negativos.

Las visualizaciones son poderosas, no solo para Carlos, sino también para nosotros como padres. Visualizo células nuevas y sanas en su cuerpo perfecto de luz. Todo lo que nos rodea, incluyendo familia y amigos, debe influir positivamente en esta creación, y debemos ser cuidadosos con la información que compartimos. No hablaré de las resonancias médicas, ya que eso se opone a nuestras visualizaciones. La clínica de Carlos refleja su estado de salud, desafiando cualquier informe médico.

He aprendido que la cura puede ser milagrosa y no siempre pasa por la medicina alopática. Tampoco me aferro a la homeopatía, que trata la enfermedad con dosis mínimas. Con el tiempo, me convenzo más de que la clave está en las ganas de vivir y en el trabajo diario de Carlos para combatir las células enfermas con su mente. La curación holística, que abarca cuerpo, mente y espíritu, es esencial para crear un campo de amor y felicidad.

Sigo escribiendo en este diario con confianza, fe y esperanza. Mi hijo me brinda confianza, el SCIO me ofrece esperanza y mi amor a Dios, al Universo y a la Madre Tierra me otorga fe.

En mi mesilla de noche, tengo una libreta donde anoto mis sueños. Antes no recordaba mis sueños, pero ahora no hay noche que pase sin anotar algo. Escribo mis preguntas antes de dormir, esperando recibir respuestas en esos viajes que mi alma realiza al liberarse del cuerpo.

Viernes 8 de marzo

Ayer salimos a montar en bicicleta, jugar al tenis y dar toques con el balón. Sin embargo, he notado un cansancio preocupante en Carlos después de hacer ejercicio. Nos divertimos unos quince minutos, hacemos una pausa para merendar y luego continuamos jugando media hora más, terminando con unos pases con la pelota. En total, dedicamos aproximadamente una hora a la actividad, regresando a casa en unos diez minutos. Lo hacemos una vez a la semana, más el tiempo que jugamos en la caseta de campo los fines de semana.

Quiero anotar que, al regresar a casa, Carlos no pudo recorrer quinientos metros en bici y tuvo que descansar. Una cuesta que solía subir solo ahora le resulta imposible, así que la subió a pie y terminó el camino caminando. Al llegar, le preparé un baño con un kilo de sal, un hábito que hemos adoptado por sus beneficios terapéuticos. Después de comer, asistió al colegio y luego a su clase semanal de piano en la academia.

Es difícil escribir esto, tal vez porque me recuerde a los síntomas que mencionan los médicos. Sin embargo, al ver su recuperación a lo largo del día, intento despejar esos pensamientos que son solo miedos. Estoy aprendiendo a ver la muerte como una transición del alma, una transformación y no un final. Muchas culturas celebran la muerte como un paso hacia lo nuevo. Cristo nos enseñó que el Reino de Dios está dentro de nosotros, y si llega el momento, lo celebraré en mi interior, entendiendo que será hora de regresar a casa.

Mientras tanto, disfrutamos de la vida. Yo lo plasmo en este diario y Carlos en sus dibujos, como el último que me hizo para mi santo, San Juan de Dios, un hermoso regalo.

Jueves 14 de marzo

Eran las tres de la madrugada cuando Carlos, durmiendo en mi cama, me despertó porque le sangraba la nariz. Aunque no era una hemorragia, manchó la funda de la almohada. Ayer había ocurrido lo mismo y noté que tenía los dedos manchados de sangre. Suponemos que se hurgó la nariz y se hizo una herida con sus uñas «delicatesen», como él dice, al dejárselas largas.

En el desayuno, nos comentó que tenía dolor de cabeza. Los pensamientos oscuros empezaron a invadirme, esos que conectan con lo que dicen los médicos, y lucho por apartarlos de mi mente.

Por otro lado, hemos recibido un bote de 150 cápsulas de Moringa desde Bilbao. Las llevé de inmediato al Dr. Tolo para que las testara con su biorresonancia y ver si son beneficiosas para Carlos. Malén confía mucho en este árbol por su capacidad para regenerar la médula y fortalecer el sistema inmunitario en general.

Viernes 15 de marzo

Después de que el Dr. Tolo testeó la Moringa con la biorresonancia y la consideró beneficiosa para Carlos, comenzamos a darle dos cápsulas con la comida. Tras una siesta, Carlos se despertó con tres pequeñas erupciones en la piel, similares a picaduras de mosquito, que le produjeron picor, recordándome las erupciones que tuvo al recibir transfusiones de plaquetas. Llamé al Dr. Tolo a su número de urgencias y nos recomendó cesar la administración de la Moringa, esperar un par de días y luego darle una cápsula por la mañana y otra por la noche, aumentando la dosis hasta llegar a seis cápsulas diarias si su cuerpo lo aceptaba. Me aseguró que las erupciones no necesariamente eran un rechazo, sino posibles reacciones benignas del cuerpo. A la hora, las erupciones habían desaparecido.

He tenido la libreta de los sueños abierta junto a la cama, con una simple pregunta escrita: «¿Cuál es la causa?». Anoto sueños que no entiendo, y me pregunto si debería pedir una señal sobre lo que está sucediendo con la médula, que avanza muy lentamente.

Hoy sucedieron varias cosas que podrían tener un significado. Primero, el inicio del uso de la Moringa, que hemos estado esperando. Segundo, tuve una conversación con nuestro amigo Val Tormey, quien me mostró un letrero en su casa que dice: «LIVE SLOWLY», recordando la importancia de vivir la vida despacio, como decía Deepak Chopra.

Además, encontré a Carmen, «la de los sueños», quien soñó con Carlos nuevamente. En su sueño, lo llevaba a visitar al homeópata y notó que su cabello había crecido. Estas cosas son como aire renovado que me alientan a seguir adelante, recordándome que todo va bien y que debo disfrutar de la vida, aunque sea lentamente. Gracias, gracias, gracias.

Sábado 23 de marzo

He aprendido que una de las causas de tener «un extraño» es la rabia contenida y acumulada, que puede surgir de un disgusto, una agresión al amor propio o la pérdida de un ser querido. Según algunos escritos, este sentimiento puede diagnosticarse como un «extraño» hasta dieciocho meses después de que ocurrieron los hechos.

En las sesiones con Malén, he trabajado la rabia y he observado cómo Carlos ha logrado expresar esta emoción como nunca antes. Sus gritos, ya sea al jugar o cuando algo no le parece bien, se han intensificado, reflejando esa rabia reprimida. También he notado que las respiraciones profundas le ayudan a oxigenar su cuerpo y a liberar tensión. La rabia que siente Carlos es innegablemente el resultado de todo lo que ha vivido. Sin embargo, me sorprende cómo los niños pueden adaptarse y superar sus dificultades rápidamente.

Miércoles 10 de abril

Hemos pedido más moringa a Bilbao y muérdago a Alemania, y Carlos pesa hoy 23,7 kg, recién levantado con el pijama. En el colegio, la situación con Carlos sigue complicada. No todos los docentes están dispuestos a ayudar, y la profesora de matemáticas es un verdadero desafío. Le puso un «suficiente» el último trimestre, lo que causó que M.ª Dolors, su profesora voluntaria de Aspanob de refuerzo en casa, comentara que debería ser ella quien se evaluara.

Me preocupa que la evaluación fomente la competencia y el individualismo entre los niños. ¿Quién realmente podría calificar a Carlos? Su capacidad para entender conceptos, como una simple operación, varía en función de su estado en ese momento. Este es solo un ejemplo extremo, pero resalta la importancia de la conexión que se establece en cada clase.

Siento que es necesario trasladar estas preocupaciones para el próximo curso, ya que Carlos ha pasado por procesos que el colegio no comprende en su totalidad. Necesita atención especial, algo que no pueden ofrecer con tantas limitaciones. Por otro lado, Malén se siente satisfecha con el progreso de su peso y promete regalarme un árbol de moringa si logra conseguirlo, aunque el trasplante debe hacerse con cuidado para proteger sus raíces.

Viernes 19 de abril

Todo sigue igual, gracias a las conexiones del Universo. Sin embargo, hay un aspecto positivo que resaltar: el incremento del peso de Carlos, que ayer alcanzó los 24,3 kg, después de desayunar con el pijama puesto. Es evidente que la moringa está haciendo una contribución excepcional a su salud. Sus cápsulas contienen una rica mezcla de vitaminas, antioxidantes, aminoácidos, minerales y nutrientes, lo que representa un gran aporte a su alimentación diaria. Nos esforzamos por asegurarnos de que su dieta no contenga conservantes ni edulcorantes artificiales, y tratamos de que la fruta sea ecológica, aunque esto representa un gran desafío para nosotros.

Carlos, aunque a menudo es tentado por productos como el azúcar y la bollería, ya sabe que hay opciones saludables, como la fructosa y conservantes naturales que puede consumir.

Además, el Universo ha facilitado que me cruce con Jesús, un joven artista y talentoso músico. Una amiga de Malén piensa que podría ayudar a Jesús a escribir canciones para registrarlas. Lo he escuchado tocar el piano y su música me ha cautivado; planeo incluir una de sus partituras en mi repertorio. Me sorprende saber que un hombre le ofreció 100 € por tocarla.

Jueves 25 de abril

El Dr. Alberto Marín Bosch afirma que los médicos se enfocan en medicar y, a menudo, no consideran la opinión del paciente sobre los tratamientos. Cada vez me doy más cuenta de que esto es cierto; los pacientes rara vez discuten lo que les prescribe un médico.

Mi padre, después de su segunda operación, se sometió a un control con resonancia y TAC, y nuevamente le encontraron un nódulo en el pulmón izquierdo. A pesar de que él no desea someterse a otra cirugía, los médicos continúan presionándolo. Un médico de Son Espases, con prisa, le dijo que, si no se operaba, tendría que recibir quimioterapia. Mi hermana Juana M.ª intentó expresar las intenciones de mi padre durante la consulta con el cirujano, pero no fue escuchada, y el médico prescribió una prueba del PET sin razón aparente, ya que mi padre no quiere otra operación.

El proceso de la primera operación fue rápido, lo que llevó a mi padre a desembolsar dinero por no estar cubierto por el seguro. Ahora, la prueba del PET tampoco está totalmente cubierta y tendrá que pagar más. He observado que estas prisas no han resultado en beneficios.

Mañana, mi madre, mi hermana y yo iremos a hablar con el médico de Son Espases para solicitar que dejen a mi padre en paz y realicen la prueba del PET sin coste. Planeamos transmitir el informe al cirujano del seguro privado, quien se encargará de comunicar que no hay necesidad de otra operación y ofrecerá el seguimiento y cuidados paliativos si son necesarios.

Los resultados de las pruebas son aterradores y pueden infundir miedo, lo que altera la vida y alimenta pensamientos negativos.

Viernes 26 de abril

¡Felicidades, Carlos! Hoy cumples 9 años, y me alegra celebrarlo contigo. Eres un campeón por enfrentar la vida que te ha tocado. ¡Bravo, mi niño!

Ayer, mi madre, mi hermana y yo nos reunimos para dejar claro al oncólogo de Son Espases las intenciones de mi padre. Le pedimos que dejara de ver a mi padre y que delegara todo en el oncólogo de la clínica privada, para evitar el desplazamiento y la incertidumbre de estar en manos de varios médicos.

La visita fue reveladora. El oncólogo nos recibió con un gesto de saludo, pero su actitud fue distante. Mi madre, con su presencia, intentó contrarrestar la soberbia del médico, pero él no permitió que mi hermana hablara y solo se dirigió a mí. Finalmente, se giró hacia su ordenador para escribir un informe sobre mi padre, despachándonos sin un gesto de despedida, como si no fuera más que una pérdida en un partido de tenis.

Me resultó difícil enfrentarme a un médico cuya formación lo lleva a intervenir sin considerar la vida del paciente. Cuando nos dimos cuenta de nuestra intención de finalizar el proceso, nos recordó que, desde hace tiempo, no se niega información al paciente. Sin embargo, sentí que esta «información» era más bien un intento de infundir miedo y manipular nuestras decisiones.

Habíamos descartado el tema del PET, pero el médico propuso radiografías mensuales. Fue el momento perfecto para cancelar el seguimiento con él. Más radiaciones, no gracias. Le pedimos que llamara a mi padre para anular la visita e informarle sobre nuestra decisión. Sin embargo, este médico faltó a la ética y, en la conversación telefónica, le reveló a mi padre que habíamos estado hablando con él.

Sábado 27 de abril

Al releer el diario, recuerdo que fue Carlos quien me hizo rememorar el accidente de bicicleta, al mencionar la sangre en mi cara. Más tarde, Audrey mencionó la falta de oxígeno relacionada con el timo debido a un factor emocional, lo que me llevó a reflexionar sobre su primera consulta con el Dr. Tolo, donde se revisaron momentos emocionales significativos de su infancia.

Carmen fue clave al insistir en que asistiera a la conferencia del Dr. Vicent Guillem sobre las causas emocionales del cáncer, lo que parece ser un eco que resuena en mi mente. Recientemente, noté que Carlos prefería ir a pie en lugar de en bicicleta al colegio, creyendo que se debía a las nuevas normativas de tráfico. Ahora, me doy cuenta de que todo tiene un sentido más profundo.

Al hablar con mi madre sobre el accidente, ella recordó cómo Carlos quedó afectado emocionalmente al poner el pie en los radios de la bicicleta. Esa culpa y pesar fueron visibles en su rostro, lo que la llevó a llevárselo de la sala del hospital. Busqué la fecha exacta del accidente para anotarla en el diario, que ocurrió el 28 de abril de 2009, y los primeros síntomas aparecieron el 11 de junio de 2011, en un contexto que se alinea con las teorías del Dr. Hamer sobre el tiempo entre un shock emocional y la manifestación de síntomas físicos.

Los síntomas comenzaron dentro de los dos años posteriores al shock emocional, un dato que hemos ignorado y que coincide con las enseñanzas de Hamer sobre las enfermedades relacionadas con el sistema nervioso.

Aunque Malén no está completamente de acuerdo con Hamer, su enfoque menciona cinco posibles factores que pueden contribuir: el emocional, el genético, la contaminación ambiental, la alimentación y el kármico, este último siendo el más difícil de comprender y abordar.

Martes 7 de mayo

El Dr. Tolo realizó un reconocimiento a Carlos, sugiriendo que lo que tenía era un resfriado fuerte, aunque la gran cantidad de moco que le extraje indica que podría haber algo más en juego. Nunca había visto tanto moco amarillento, y el homeópata fue crítico con la farmacia alemana, señalando que en su país habrían enfrentado graves consecuencias legales por ello. La farmacia de Alemania nos envió Iscador «M» (manzano), en vez de Iscador «P» (pino). En total han sido 5 cajas de 7 ampollas cada una. ¡Vaya error cometido!

El estado de Carlos empeoró, pero el tratamiento con el Iscador parecía ayudar. El Dr. Tolo dejó claro que la enfermedad de Carlos no era consecuencia de un factor externo, sino de algo interno que debía ser liberado. El hecho de que expulse tanto moco es un signo de sanación.

Más tarde, tuvimos una cita con Bruno, quien se había ausentado desde febrero. Reprochó nuestra falta de seguimiento en las sesiones y dijo que Carlos es especial, y que había invertido mucho en él. Bruno pidió que yo estuviera presente en todas las sesiones y que trabajáramos en nuestras diferencias familiares. Su deseo era ver la habitación de Carlos, buscando la limpieza de la energía en nuestro hogar.

Durante la sesión, recordé momentos en los que Carlos estaba en el hospital, y se me llenó la mente de susurros sobre la curación. En la sesión con Malén por la tarde, ella enfatizó la importancia de la visualización, donde Carlos había visto manchas pequeñas. Su falta de expresión emocional, como el incidente del brazo, podría relacionarse con el estrés acumulado de su cumpleaños. Carlos estaba comenzando a expresar sus emociones, aprendiendo a decir «NO» y a mostrar su personalidad.

Malén sugirió que era crucial comunicarnos abiertamente con Carlos y no ocultarle nada, ya que eso solo genera más carga emocional. Un ejemplo que compartí fue cuando, durante una consulta, Carlos se quedó en el sofá en lugar de ir a por agua, lo que mostró su preferencia por estar presente en la conversación.

El Dr. Tolo explicó cómo el sistema nervioso simpático y parasimpático funcionan, comentando que, en situaciones de estrés, como la de Carlos, es vital encontrar un equilibrio y hacer pausas. Este estrés perpetuo puede ser peligroso y llevar a convulsiones. La clave está en la pausa y la liberación consciente de emociones.

Agradezco a Malén por su sabiduría y la claridad en el camino que tenemos por delante. La enfermedad podría ser un síntoma de curación y una misión del alma para crecer espiritualmente y ayudar a los demás. Al final del día, Carlos mostró su confianza al responder sin miedo, y eso me llenó de orgullo. ¡Bravo, mi niño!

Miércoles 8 de mayo

Carlos no está asistiendo al colegio ni recibe clases de refuerzo en casa debido a su estado de salud, aunque se está recuperando. Esta mañana tuvimos otra cita con Bruno, quien nos vio a los dos con mejor aspecto. Me explicó que, al juntar las manos en forma de rezo, como hacen los sacerdotes, se puede dirigir el poder que se concede. Carlos estaba tumbado en la camilla, imaginando su mundo, mientras yo, sentado a su lado, unía mis manos hacia él, pidiendo con todo mi corazón la energía para su sanación. Estos momentos son especiales y únicos, llenos de conexión.

Después de la sesión, Bruno nos citó para el próximo martes e invitó a Elena y a mí a un ritual indio llamado «temazcal», donde necesitamos llevar un bañador y una toalla para sudar. Luego, mi hermana «sa Titi» nos acompañó a la sesión de SCIO, supliendo a Val como traductora.

Audrey comparó los registros de la primera sesión del 2 de octubre de 2011 con los actuales. ¡No hay cáncer! Carlos se ha recuperado de la falta de oxígeno en el timo, que era consecuencia del trauma emocional por el accidente en bicicleta. ¡No hay trauma! Sin embargo, sí muestra un considerable cansancio, falta de concentración y un fuerte resfriado.

Respecto al suceso de su brazo y su habla, Audrey coincidió con Malén en que Carlos ha sufrido un shock por estrés emocional. Sugirió que sería mejor reducir el número de personas en las celebraciones. Me recordó el caso de mi amiga Nuria, cuyo hijo se agotaba en fiestas de cumpleaños, lo que le provocaba migrañas. También mencionó el caso de la nieta de Malén, que experimentó un problema similar y no hubo nada anormal según los médicos.

Terminamos la sesión de SCIO después de dos horas y media, trabajando en su azúcar, sangre, resfriado, sistema inmunológico y otros aspectos. Nos pidió que volviéramos si ocurría algo parecido para poder localizar mejor el foco del problema.

Salimos de allí contentos y agradecidos, con Carlos afirmando que ya estaba bien y recuperado. Hablamos sobre el susto que tuvo al no poder mover su mano, y ahora sabe por qué sucedió.

Domingo 12 de mayo

A las 12:00, tenía una sesión a la que Bruno me recomendó asistir. No sabía mucho sobre el ritual, solo lo que había podido leer en internet sobre este antiguo ritual indígena utilizado por los aztecas. Los españoles, al invadir lo que llamaron el nuevo mundo, rechazaron estas prácticas, considerándolas paganas y destruyendo las casas-vapor donde se llevaban a cabo.

En el temazcal, se entra con la menor ropa posible; es mejor estar desnudo o con un bañador, ya que la ropa se moja rápidamente por el sudor. Después de la experiencia, sentí que se había aliviado toda la congestión de mi resfriado, aunque usé casi cinco pañuelos de papel la noche anterior y no pude dormir bien. Me sentía un poco flotante, mis movimientos eran lentos, pero no me sentía cansado.

El ritual duró alrededor de cuatro horas, incluyendo los preparativos, la hoguera y la estancia en el temazcal. Después, me dirigí a casa de mi madre, que cumplía 85 años. Felicidades, mamá. Fui despacio, tanto en el camino como al conducir; incluso ignoré un coche que me tocó el claxon.

El temazcal es un ritual de agradecimiento a las energías de los cuatro puntos cardinales, al sol y a la Tierra. El terreno alrededor de la casa-vapor y la hoguera está delimitado por una línea de piedras que simboliza la entrada de las energías. La hoguera se inicia con ramitas dispuestas en forma de cuadrado, y cada asistente ofrece un poco de tabaco al fuego.

Dentro del temazcal, la estructura se asemeja a un iglú, cubierto con mantas para que el interior esté oscuro. En el centro, hay un hoyo donde se colocan las piedras calientes. Cada miembro es purificado con incienso antes de entrar, y se respeta un protocolo en el que se entra por la izquierda, inclinándose hasta tocar el suelo con la frente y pronunciando «POR MIS RELACIONES».

Había aproximadamente diecinueve personas, incluyendo a un niño llamado Marc, que lo soportó muy bien. Bruno regresó de un concierto a las cinco de la madrugada y solo estuvo allí para ayudar con las piedras. Alejandra dirigió el ritual, invocando a nuestros ancestros y agradeciendo las energías del universo y de la Tierra.

Las energías de los cuatro puntos cardinales representan diferentes aspectos de nuestra vida. Se introdujeron las «abuelitas de medicina» en cuatro tandas. Mientras se calentaban las piedras, se comenzó a notar el aumento de temperatura dentro del temazcal. Se introdujo agua con ramitas de eucalipto para generar humedad y, con el calor, el ambiente se volvía más intenso. A pesar de que un asistente tuvo dificultades para respirar, la ceremonia continuó, y se recomendó que se colocara lo más cerca del suelo posible.

El calor era intenso, y mi cuerpo estaba empapado. A pesar de esto, me sentía ligero y, sorprendentemente, el resfriado que había tenido había desaparecido por completo. Al final del ritual, nos abrazamos unos a otros, algunos estaban cubiertos de barro y sudor, pero la sensación de cansancio general no me afectó.

La ceremonia terminó con agradecimientos a todos los presentes y una última ofrenda de tabaco a la hoguera.

Con un sonoro ¡¡¡Aho!!!, Alejandra cerró el ritual, y yo salí, sintiéndome renovado y agradecido por la experiencia.

Martes 14 de mayo

Ayer, Carlos pesó 23,9 kg. En dos días había recuperado 800 gramos de lo perdido por el resfriado. Anoche, al leer los mensajes en el teléfono fijo, encontré uno del Dr. Tolo, que quería hablar con nosotros sin más detalles. Esta mañana estaba pensando en llamarlo cuando sonó el teléfono a las 9. Me preguntó cómo estaba Carlos y le dije que bien, recuperándose del resfriado y del peso. Me explicó que, a pesar de que su máquina decía que había empeorado, realizó una nueva Biorresonancia y hubo un cambio importante a mejor, sin necesidad de hablar más.

Anoche me costó un poco conciliar el sueño, con el «run-run» de la mente y ciertos pensamientos. Ah, otra cosa: ayer, al salir del garaje, vi una pluma blanca en el suelo. No lo pensé dos veces, la recogí y la coloqué en el frontal de mi coche. Recordé lo que Bruno me dijo: «Cuando encuentras una pluma, cógela, es para ti. Tienen mucho poder».

Revisando la agenda y este diario, no tengo duda de que hay una fuerza sobrenatural actuando sobre Carlos; me lo han dicho varias veces. Carlos estaba en su mundo, y lo vi acercarse por un caminito. Al llegar, dos animales lo saludaron, y luego otros dos, todos los unicornios, osos y enanitos del cuerpo energético. Dentro de la casa, como sorpresa, las células también saludaron a Bruno.

Carlos me contó en el coche que, al acabar la sesión, Bruno siempre le pregunta qué le han dicho, pero él no dice nada. Bruno midió el campo energético de Carlos con un péndulo sobre su mano; comenzó a dar vueltas y, en segundos, media 8000, mientras el mío era 11.000. Al finalizar la sesión, el campo energético de Carlos era 11 000. Bruno ve cosas que yo no puedo ver.

Si lees estas páginas, Carlos, no es para culpar a tu madre, ni quiero que cambies tu percepción hacia ella. Ella es la mejor madre que podrías tener. Tú la elegiste y eres parte de ella, un 50 %. Dicen que cuando alguien habla de algo, es porque está aprendiendo de ello. Aprendemos al enseñar lo que deseamos aprender.

Cuando reprochamos a alguien, es por una falta en nosotros mismos que intentamos corregir; así creamos relaciones que nos enseñan lecciones en la vida. Es como si las personas fueran espejos. Podemos estar despiertos o no, ignorarlo o intentar mejorar. Un pensamiento dirigido a alguien puede ser un arma cruel con efecto *boomerang*.

Elena seguramente está aprendiendo contigo y nosotros con ella. Antes de que nacieras, ella pedía un hijo en cada reunión, preguntándome qué esperaba. Quizás era por la edad, ya que rondaba los cuarenta. Desde joven, tener hijos no estaba en mis planes; incluso quería que la rama de mi apellido acabara conmigo y culpaba a mi padre. Pero ahora sé que tener un hijo es un proceso de aprendizaje muy difícil.

Pienso que los padres cuyos hijos, a cierta edad, reciben un abrazo de corazón, son aquellos que han conseguido la sabiduría con letras mayúsculas. Claro que con un hijo único es más complicado, aunque parezca lo contrario. Recuerdo que cuando decidí tener descendencia, le ofrecí un anillo a Elena y planeamos ir a la iglesia, aunque lo que más deseaba era viajar a las islas que soñaba de niño. Hoy, no lo haría; pasar por la iglesia no era necesario.

Vivimos situaciones de manera inconsciente, hasta que alguien nos da un consejo. Aun así, puede que no lo reconozcamos y sigamos dormidos. Todos hacemos lo que mejor sabemos. Si alguien a tu lado ve algo extraño y te lo advierte, puede que estés en un proceso que debes atravesar y aprender. No podemos decirle a nadie cómo actuar, pero podemos dar consejos.

Nos casamos en abril del año 2000 y, cuatro años después, naciste tú, Carlos, concebido en un momento especial que guardo en mi memoria. La primera noche en casa, fuimos a urgencias porque llorabas mucho y no comías. Nos preguntaron si éramos primerizos.

Elena se sentía abrumada, y aunque intentaba ayudar, era un desafío. Carlos pedía a su madre en el hospital y, aunque estaba ausente, el amor y la conexión eran palpables. Elena no ha vivido todos los episodios y a menudo ignora detalles que considero importantes. Pero he recogido palabras que elevan mi fe y esperanza, que a veces siento que se pierden para ella.

La experiencia de estar en un Temazcal para mi hijo me llena de satisfacción. Asumo la responsabilidad de mi alma con la de Carlos y haré todo lo posible. Aceptaré cualquier apoyo que se presente en nuestro camino, convencido de que todo ocurre por una razón. Estoy esperando el informe con fotos del SCIO, que muestra un solo trauma, comenzando en la tercera semana de gestación.

Martes 21 de mayo

Su campo etérico es de seis dedos, cuando lo normal es de aproximadamente dos. Su campo energético era de 13 000, igual que el mío. Nos medía con un péndulo colocado sobre la mano, que empezaba a girar hasta que dejaba de hacer círculos. Tanto Carlos como yo hemos aumentado ese campo respecto a la semana pasada. Bruno nos dice que estamos cargados de energía. Al medirse, su campo energético se pierde al contar más allá de 26 000.

Llevaba colgado en el cuello un hueso de ala de águila, que se usa para ahuyentar las malas energías. Se hace sonar como una flauta, aunque no es fácil obtener el sonido. Dijo que tiene un poder muy efectivo, y solo con llevarlo encima es suficiente.

Bruno me escucha y se pregunta por qué llevo un jersey rojo. Ya me había dicho que no podía usar nada de rojo, ya que ese color activa las células malas a través de sus vibraciones. En cambio, el azul celeste es un color que le beneficia, y debería incluso dormir con un pañuelo de ese color.

Recuerdo a Colette en el hospital, cuando hizo aquel juego visualizando una galleta en la mano, cambiando su color a azul y cubriéndonos de pies a cabeza con ese tono. Decía que el color verde sanaba la enfermedad y el azul la detenía.

Mañana quedamos con Bruno para que vea dónde duerme Carlos, su habitación en nuestra casa. Espero recordar todo lo que me cuente.

Jueves 23 de mayo

La sensación que respiro esta mañana en mi casa es de paz, tranquilidad, calma, como estar en el lecho del río, sin querer forzar nada. A las 6:20 h de la mañana, meditaba tranquilo, con los ojos cerrados pero quietos. Noté una diferencia con respecto a otras veces; era distinto. Visualizaba muchos mantos y paredes de tela, con pocos pensamientos, recordando uno, el azul. Creo que son momentos en los que me habla mi alma.

Quizás me esté metiendo en algo como una secta, pero aquí hay muchas cosas que aprender relacionadas con Dios y ese universo del que estoy tan ligado, que me responde sin pedir nada a cambio. Una amiga me decía: «No te creas todo lo que te digan», y claro que no. De quien no me puedo fiar es de quien me quite el dinero, pero las personas que ayudan a Carlos, incluso el homeópata que reduce el precio de su consulta, no piden nada a cambio.

Les contaba a mis amigas que es un frente de batalla más, lo que hago con Bruno, Malén, Audrey, las pulseras de cristales, el jardín Zen, la cromoterapia, la alimentación, el Reiki, la felicidad, el amor y la Luz. Todo me acerca a Dios y me ayuda a ver la vida desde otro enfoque. Siempre que hablo de enfoques, pongo de ejemplo la vida en la selva amazónica o la de mi amiga que vive en un barco; su forma de ver el mundo es tan diferente a la mía que a veces me parece imposible vivir de otra manera.

Mi amiga me preguntaba si me sentía solo. Ahora lo pienso y no, no me siento solo, aunque a veces necesito hablar con alguien sobre lo que ocurre.

Esta mañana íbamos a una valoración de dependencia, un trámite para solicitar ayuda del estado. Dado que las preguntas estaban enfocadas en la movilidad, dudo que Carlos supere el grado del 33%, ya que, si no se otorga ese grado o superior, no hay ayuda que valga. Se interesaron por el tratamiento alternativo y los gastos que conlleva.

Bruno dejó de atender a Elena. Tras tres sesiones de estiramientos, masajes y Reiki, equilibró su cadera, le quitó una contractura cerca de la cervical y la alertó sobre problemas con el hígado si no lo cuida, así como de las cargas negativas que lleva. Le invitó a volver cuando lo necesite.

Me sorprendió esto y le pregunté a Elena si no tenía curiosidad por despejar las energías negativas e indagar sobre su origen. Creo que se pierde una oportunidad valiosa. Quizás Bruno lo hace para que ella despierte. La enfermedad implica un cambio y reparación holística, y yo asumo eso, poniéndome en manos de personas que, por petición al universo, se han cruzado en nuestro camino. Al estar despierto, no dejo escapar esta oportunidad, que me brinda la posibilidad de experimentar, porque lo he pedido. La falta de contacto con Bruno y el episodio de crisis de Carlos me hicieron ver cosas que aún no tenía claras, quizás porque sigo dormido. Repetiré la frase de la piedra y el hombre que tropieza y vuelve a tropezar.

Martes 4 de junio

Esta mañana tenía sesión con Bruno, y cada día parece más guapo, comentaba. Antes de la sesión, calculó su campo energético con un péndulo, y este dio once giros antes de comenzar a trazar líneas rectas. «Es un campo energético grande», decía Bruno. Aún no sé el nombre de la unidad en que se mide, así que le preguntaré el próximo día. La gente suele tener un campo energético entre seis mil y ocho mil.

Una hora más tarde, tocaba resonancia. En el hospital, vimos al doctor, que fue rival de Carlos en ajedrez y damas cuando estaba de guardia en la UCI pediátrica. Le conté la situación desde junio del año pasado y por qué hacían hoy la resonancia. Se preguntaba si recordaba cuando estaba en la UCI, y poco después, Carlos me recordó el nombre del doctor.

Como siempre, esta vez hubo menos preguntas y se descartó la anestesia. Carlos decía que se dormía solo, aunque esta vez no fue así; estuvo despierto todo el tiempo mientras yo le tocaba los pies y lo miraba de vez en cuando a través del ruidoso cono de la máquina.

¡Bravo, mi niño!

La prueba duró unos 45 minutos, y para pasar el rato, llevé conmigo un nuevo libro de Jorge Bucay, *Déjame que te cuente: los cuentos que me enseñaron a vivir*, ideal para reafirmar mi enfoque de vida. Son cuentos cortos que invitan a despertar.

Supongo que hay mucha gente que querrá saber el resultado de esta resonancia. Desde este diario, le pido a

Dios que nos muestre lo que tenga que mostrarnos y confío en Él para que nos dé la energía que tanto necesitamos, diga lo que diga la resonancia.

En concordancia...

Sábado 15 de junio

¿Por qué ocurre este episodio ahora? Todo parecía ir bien. Su peso había vuelto a estar en 24 kg. ¿Tendrá algo que ver con el estrés emocional de su cumpleaños, hace quince días? Esa pregunta y muchas más rondan en la mente de los médicos. El cuadro clínico de Carlos, que incluye pérdida de conciencia, rigidez en algunos momentos y fiebre alta, provoca que se cuestionen muchas cosas. Se están revisando el líquido del catéter (tubito/drenaje craneal) para descartar cualquier contaminación por bacterias o virus. También hay sospechas de meningitis, y no se descartan células tumorales que podrían estar invadiendo las meninges. Ya se han prescrito cuatro antibióticos para abordar las diferentes posibilidades y se han administrado corticoides para reducir la inflamación. Los análisis de sangre muestran que las plaquetas han alcanzado las 114 000 unidades, veinte mil más que en la última analítica, hace unos meses.

Esta madrugada, la rigidez de Carlos llevó a que se le realizara otro TAC, que reveló inflamación craneal. Se ha decidido hacer otra resonancia para descartar la sospecha de una posible progresión tumoral y para obtener respuestas sobre su estado clínico.

La información proporcionada por la médica de guardia ha sido crucial. Nos cargan con información sobre posibilidades que, horas después, resultan negativas, lo que hace que esas posibilidades desaparezcan. Sin embargo, uno se va a dormir con la incertidumbre de una posible meningitis o un estado vegetativo.

Lo que la doctora dejó caer es que, sin tener todos los resultados, hay una posibilidad de que Carlos padezca una progresión tumoral, lo que significa que puede que no despierte y que no pase de este estado.

Sin comentarios.

La médica se disculpó cuando le dije que no quería conocer esas posibilidades que parecen estar obligados a mencionar, alegando que los padres son diferentes entre sí.

Recibí una señal de mi amiga Ana, que nos visitó en el hospital. Justo la noche anterior, tuvo un sueño en el que aparecía Carlos junto a su hijo Xesc, y ambos estaban juntos en el hospital, confortablemente bien.

Sábado 22 de junio

Han pasado dos días de mejora muy lenta, despojando a Carlos de tubos y químicos. Gracias a las enseñanzas de Malén, me he convertido en un experto en masajes en el vientre e intestinos, y ya hemos tenido cuatro «los regalitos», como decía la enfermera Consuelo. La extrañamos mucho, Consuelo.

El jueves, Bruno y Marisa volvieron a visitar a Carlos. Bruno estaba en el pasillo del box cuando Carlos notó su presencia, algo increíble. Sin el tubo traqueal y sedaciones, Bruno pudo trabajar mejor. Solo me pidió: «Quédate esta noche a dormir con él, es crucial. Tiene mucho miedo».

Esa noche, le hice tres sesiones de Reiki y, después de un tiempo, lo oí quejarse. Nunca más dormirás solo, mi niño. Sus ojos pasaron de miedo a una mirada imprecisa. Espero que vuelva pronto su mirada.

Carlos está aquí con nosotros. A las 6:30 h ya estaba con los ojos abiertos. La enfermera me contó que se puso a cuatro patas sobre la cama, quería levantarse y dijo «pantalones», su primera palabra. ¡Buena señal!

¡NOS VAMOS A PLANTA!

¡PARTIDO GANADO!

¡GRACIAS, GRACIAS, GRACIAS!

Al llegar a casa, recibí una llamada de Carmen. Soñó que Carlos iba con otro niño, y que estaba ante una valla que el caballo no quería pasar. Al día siguiente, soñó que

Carlos subía las escaleras del colegio con un parche blanco en la cabeza. Gracias por tus señales, Carmen.

A las 15:30 h llegué al box, y encontré a Carlos atado. Me dijo «ayúdame» y lo desaté. Quería ir al baño, y accidentalmente la sonda nasogástrica salió de su nariz, lo que considero una señal de que no debería estar ahí. Me niego a que le pongan otra. El cambio que está experimentando, tanto en movilidad como en habla, es asombroso.

Domingo 23 de junio

Carlos pesa 22,8 kg. Al no tener sonda gástrica, tenemos que alimentarlo nosotros, y el tiempo corre en nuestra contra; el hospital estará encima para supervisar su comida y amenazar con volver a colocar la sonda. Su mirada ha cambiado: de miedo a un descontento que él mismo expresa.

Hoy ha empezado a sonreír, especialmente cuando llegó su madre. Sin embargo, su mirada y voz todavía no son las de Carlos. Parece estar en una dimensión diferente a la mía; observa el techo y las paredes, como si hubiera gente en la habitación. En un momento, me habló de un aura que está ayudando al aura de mamá, señalando hacia arriba y un lado.

Al principio no entendía, pero al hacerle preguntas llegué a la conclusión de que hay algo más en su percepción. En otro momento, me dijo que «no me quiero».

Malén estuvo con nosotros y le hizo una sesión con su permiso. Fuera de la habitación, comentamos lo que parece estar viendo. Ella explicó que Carlos tiene una práctica buena con las visualizaciones, lo que le permite estar en contacto sutil con esas energías, siendo más receptivo en su estado de semiinconsciencia. Sin embargo, temía que Carlos no deseara seguir aquí, ya que se encuentra en una situación muy diferente a la de otros niños, lo que causa su miedo y descontento.

Malén insistió en que le diéramos tiempo. Según las leyes del Dr. Hamer, este estado forma parte del proceso de curación. Dios te oiga y te acompañe, Malén.

Lunes 24 de junio

Al entrar en la habitación del hospital, la sonrisa de Carlos y su mirada me llenan de felicidad y tranquilidad. Su peso ha aumentado a 23,3 kg, y tras desayunar un vaso de leche de almendras, me dice que está cansado y que se siente bien «allá arriba», donde quiere regresar. Siento la necesidad de transmitirle amor y apoyo, recordándole que muchos amigos lo esperan fuera.

Carlos parece confuso, afirmando que le gustaría irse con las entidades que lo rodean, pero también quiere ir a casa. Pasaré la noche con él, y mientras enciendo palo santo y realizo limpieza energética con Reiki, me preocupo por su estado. Al regresar, veo a Marisa y Bruno riendo con Carlos, lo que me reconforta.

Bruno comparte que Carlos siempre está rodeado de entidades, y juntos cuentan hasta diez. Me dice que Carlos es un ser especial que irradia luz y nos enseña a vivir en armonía con el universo. Si decide irse, será con su legión y no se lo llevarán los «grises». Bruno me recuerda la importancia de estar con Carlos esa noche y de respetar sus decisiones, ya que él proviene de un lugar de amor y luz, donde se siente bien. Esta conexión que Carlos tiene con otra dimensión es clara, y me anima a cuidar de mí mismo y a ser feliz, pues nuestra energía mutua es vital.

Lunes 8 de julio

Hace unos días, Carmen me llamó para decirme que era crucial que Raúl nos visitara y, sobre todo, que estuviera con Carlos. Me transmitió una corazonada: Raúl es un hombre especial que me dejó huella, enseñándome a abrir el corazón al amor en un taller en Palma de Mallorca. Decidí que reuniría dinero para su billete de avión, y mi amiga Ana también quería contribuir para cubrir los gastos de su estancia.

No pude negarme a Carmen, quien siempre ha sido receptora de señales. Consideré que era acertado buscar consejos sobre el amor, especialmente tras los últimos acontecimientos. Al investigar sobre Raúl, vi que encajaría perfectamente en el papel de Jesucristo en una película. Además, está escribiendo un libro llamado *Amor incondicional* y trabaja en grupo basándose en *Leyes espirituales* y *La ley del amor*, libros recomendados por el homeópata.

La conexión de Raúl con Carlos fue notable. Pude verlo en el rostro y la actitud de Carlos. Raúl tiene un talento especial para tratar a niños y desea trabajar en ello en el futuro. Lo que logró en dos días fue lo que siempre había deseado, pero no sabía cómo hacerlo. Juntos, meditando y acariciando la energía con las manos, formamos un círculo de energía, hablando con los seres de luz para que el miedo desapareciera y sintiendo que no estábamos solos, todo a través del calor que emanaba de nuestras palmas.

Viernes 12 de julio

Audrey nos da el permiso para ir de vacaciones, y me alegra ver que Carlos se encuentra en un estado óptimo. Estoy convencido de que un cambio de aires le hará bien. Audrey celebra haber realizado 53 sesiones con él, aunque es necesario que siga conectado a la máquina de vez en cuando, ya que su cuerpo tiende a recordar los traumas. Según el SCIO, debemos borrar esos traumas de su memoria, tanto de esta vida como de posibles vidas anteriores.

Le pregunto a Carlos si quiere ir a Córdoba, y su respuesta es que cuanto antes mejor. Esperaremos los resultados de las analíticas del próximo jueves para empezar a disminuir la dosis de hidrocortisona que está tomando. Todos coinciden en que Carlos ha mejorado notablemente; basta con verlo. Hacía meses que no pedía montar en bicicleta o jugar al tenis, y ahora se levanta por la mañana haciendo deberes del colegio, ¡está súper conectado!

También pido permiso a nuestros hermanos de allá arriba, para que nos protejan en todo momento durante este viaje.

Martes 16 de julio

Carlos se ha levantado con dolor de cabeza justo en el día de su sesión con Bruno. Al hablar con su madre, le cuenta que debe pintar un dibujo para Bruno, donde reflejará el contacto que tiene con los enanitos, unicornios y su mundo especial. Su madre le pregunta si sigue viendo cosas, y Carlos responde que ve a menos.

En la última sesión, me comentó que es difícil entender a las entidades que ve, y a la pregunta de Bruno sobre si le han dicho algo, solo puede expresar que le dicen «hola» y «adiós». Bruno menciona que hay una fuerte vibración desde el sábado, con más intensidad ayer, a una frecuencia diferente que nos afecta. En cuanto al campo energético de Carlos, está muy bien, aunque el calor podría estar afectándolo un poco, tal vez tenga algo de temperatura.

Además, me recuerda que este sábado hay una iniciación a la que estoy invitado para el tercer y último nivel de Reiki. También contacto al homeópata para ver qué puede darle a Carlos para el dolor de cabeza. Mientras estudia la situación con su biorresonancia, me prescribe unos gránulos.

Al llegar a casa, Carlos se tumba en la cama y se queda dormido. Al levantarse, parece renovado y ya no tiene dolor de cabeza, por lo que no fue necesario darle los gránulos.

Sábado 20 de julio

El homeópata comenta que no hay claridad en el informe sobre posibles infecciones o evolución neoplásica. A veces, cuanta más información tenemos, más confusos nos sentimos. Sin embargo, su estado actual es satisfactorio. Ayer, durante el almuerzo, Carlos tuvo dolor de cabeza y no pudo comer, pero al dormir se despertó sin molestias. Hoy se levantó de nuevo con dolor, así que le dimos un gránulo homeopático cada hora, y el dolor desapareció alrededor del mediodía.

Además, Carlos presenta una irritación en el pene que debemos tratar y vigilar. Anoche, le hice Reiki, pidiendo a la Fuente que le transmitiera energía universal para sanar esa irritación. Aunque cada síntoma, por pequeño que sea, activa alarmas, estoy convencido de que su estado mejora, y que los otros problemas son secundarios, aunque sigamos vigilando y tratando.

El SCIO confirma que hay una excelente mejoría. Malén observa que Carlos está mejor que antes y solo ve una mancha en su visualización. Bruno me aconseja que esté tranquilo, ya que confía en su recuperación. A veces me pregunto si debemos preocuparnos por la progresión de su estado, pero el Dr. Hamer dice que el dolor es parte del proceso de curación. La respuesta es fluir, sin resistencia, con amor y luz.

Hoy, Bruno me ha iniciado en el tercer nivel de Reiki. Durante la iniciación, medimos nuestros campos energéticos con un péndulo. Al principio, mi campo medía 7000 unidades bovis, y al finalizar, 22 000, lo que indica una vibración muy alta. Según el Biómetro de Bovis, un cuerpo sano vibra entre 6500 y 8000 UB, mientras que una persona enferma de cáncer vibra entre 4000 y 4500 UB.

Se habla de cómo el cuerpo físico es solo uno de los siete cuerpos que conforman nuestro ser de luz. Cuando morimos, el campo físico y el etérico desaparecen, pero los demás campos permanecen, incluidos el emocional, donde se acumulan cargas negativas de vidas anteriores, lo que explica el karma. La energía vital, que es femenina y masculina, ying y yang, está presente en todo lo que vive. Reiki conecta la energía universal con la energía vital.

Mis colores son rojo y rosa, y la filosofía del Reiki se basa en cinco principios:

1. Hoy seré agradecido.

2. Hoy no sufriré inquietudes ni angustias.

3. Hoy no me encolerizaré.

4. Hoy trabajaré honradamente.

5. Hoy amaré y respetaré todo lo que vive.

Sábado 27 de julio

A partir de ahora, la espiritualidad que viva será solo para mí. He decidido no hablar más de ella, ya que me han advertido que hay cosas que debemos descubrir y reparar por nosotros mismos. Es parte de la evolución, y al compartir ciertos eventos espirituales, siento que pierdo esa fuerza. Al intentar explicar mis experiencias, a veces recibo burlas de algunas personas, enfrentándome a conceptos como la causalidad, que no todos comprenden ni aprueban.

Sin embargo, seguiré escribiendo en este diario, que se ha convertido en mi oyente fiel de acontecimientos y pensamientos, sin juzgar mis ideas. Un día me preguntaron si me sentía solo, y en su momento respondí que no, pero ahora siento que no tengo a nadie a quien contarle todo sin reparos. Echo de menos a Sito.

Agradezco a Nuria y a otras personas que han cruzado mi camino, brindándome su apoyo y abriendo sus corazones para que pueda desahogarme de esta pesadilla. Anoche, me fui a dormir con dolor de cabeza, un mal que me ha estado acompañando casi a diario desde el día 16.

Viernes 16 de agosto

Hoy es otro día sin dolor de cabeza. He recibido un email de Carmen, la de los sueños, que dice lo siguiente: «He soñado un par de veces contigo. En el primero, estábamos en un curso o charla y tú tomabas apuntes. Ojalá se cumpla, porque después de este veranito, vendría bien recargar las pilas. En el segundo sueño, soñé con mi muerte, y espero que eso no se cumpla. También estabas en mi casa, sentado con la madre de Mateo, el compañero de los niños que se fue a Uruguay. Tenías algo en común con ella, algún proyecto. Luego salías de la sala, y te veía desde la ventana en un parque, pensativo. Alguien comentaba que habías hecho algo mal y estabas buscando tu camino».

Desde que Carlos dijo que «no me quería», he estado reflexionando sobre ello. Me doy cuenta de que no puedo pensar en otra cosa que seguir haciendo lo que hago, incluso con más ganas. No me siento cansado ni harto; al contrario, al pensarlo, tal vez deba estarlo. El día que sienta que estoy harto, cambiaré mi vida. Mi enfoque ahora es ayudar y seguir adelante con mi hijo, sin cuestionar mi relación sentimental, aunque pueda perjudicar a Carlos mantener una relación que no me satisface.

Lunes 19 de agosto

Carlos se está recuperando. El dolor de cabeza ha desaparecido, aunque su cuerpo aún muestra signos de fatiga. Ha perdido 700 gramos en tres días, y hoy pesa 23,3 kg.

Ayer domingo, el homeópata me respondió por email, lo cual valoro y agradezco. A las 22:30, recibí su último mensaje, en el que cancelaba algunos medicamentos y prescribía otros nuevos para administrar cuanto antes. Estos medicamentos están destinados a tratar las emociones, el estrés, los dolores, las migrañas y, sobre todo, el edema.

Carlos presenta algunos síntomas preocupantes: desequilibrio, desorientación y desconcentración. A veces, su dolor de cabeza impide una expresión natural de lo que piensa, sintiendo un leve estado de inconsciencia que le dificulta oír o entender en el instante. También tiene febrícula, no come bien y no descansa adecuadamente.

Cuando veo estos síntomas, me pregunto si las batas blancas tienen razón. Sin embargo, me repito que esto es un proceso de curación y no una progresión tumoral. También pienso en las palabras y el trabajo de Malén, que tiene una conexión firme con la Tierra. Además, considero la máquina de Audrey equilibrando los detalles y el trabajo del homeópata, junto con la alquimia esperanzadora que nos ofrece Bruno, conectándonos con la Fuente. Son tres frentes que trabajan en cuerpo, mente y espíritu, y nosotros, como padres, estamos aquí apoyando.

Domingo 25 de agosto

El Dr. Tolo me ofrece una atención que no se encuentra en los médicos convencionales. Él se dedica a estudiar el caso de Carlos con su biorresonancia, y hasta se toma el tiempo de enviarme un email un sábado a las seis de la tarde, recomendando un medicamento para contrarrestar los efectos tóxicos de otros medicamentos. Solo necesita una dosis de tres pequeños gránulos durante tres días.

A pesar de que podría preocuparme por la progresión de la enfermedad, me siento afortunado de enfrentar esta situación con un equipo que me llena de esperanza.

Después, asistimos al Circo del Sol, un espectáculo espectacular y fascinante. La música en vivo y la presentación son inolvidables. Carlos pudo disfrutar de las dos horas y media de función sin sufrir dolores de cabeza. Cada día que pasa sin dolor es una bendición.

Viernes 30 de agosto

Le pido a las fuerzas superiores que se lleven todo lo negativo del cuerpo de Carlos y lo dejen vivir en paz. Cuando siente algo así, se llena de miedos, y puedo verlo en su mirada. Estoy orgulloso de mi niño; necesitamos silenciar a los médicos, que nunca preguntarán si hacemos algo más allá de lo que ellos saben. Nosotros guardaremos nuestro deseo de compartirlo, ya que ellos hacen lo mejor que han aprendido. Si tan solo hubieran estudiado otras alternativas como el ayurveda o la homeopatía...

A veces, Bruno recibe pacientes que los médicos no saben tratar, y eso se hace en secreto. Es complicado para los hospitales y las familias, pero es en esos momentos cuando la espiritualidad entra y se aplica un tratamiento holístico que considera cuerpo, mente, espíritu y entorno.

Recuerdo a Malén y la radiografía de las cervicales; no era del equipo, como me juzgaron. Malén ha sido parte de mi vida, mientras que ellos solo han sido parte de un capítulo. Prefiero confiar en alguien como Malén que en un médico convencional.

Mi hermana, que conoce a un neurocirujano, me contó que en la operación de Carlos dijeron que habían extirpado el tumor principal y un nódulo cercano. Ella tardó dos años en revelarme esto. Si hubieran hecho más, podrían haber causado más daño. No entiendo por qué no dijeron la verdad desde el principio.

También quiero que sepas que los médicos ganan dinero extra con las recetas, pruebas y consultas. Recuerdo cuando llevaba a Carlos a urgencias, y salía con uno o dos antibióticos que luego su pediatra cambiaba por otros. Pensaba que los que él ofrecía eran mejores, pero resultaron ser una decepción.

No sé a dónde nos llevará todo esto, solo deseo compartir mis experiencias para que puedas aprender de ellas. A mis más de cincuenta años, sigo aprendiendo, incluso de lo que debo dejar atrás. Y cuando te pones a buscar respuestas, el universo conspira para traértelas. Es como un juego, así que ¡disfruta del proceso!

Martes 3 de septiembre

Hoy fue otro día bueno en relación a las últimas crisis de Carlos, que considero caprichos del alma. Estoy convencido de que los síntomas son controlables con la homeopatía. Me refiero a estos caprichos porque no encuentro explicación a esos cambios bruscos en los cuerpos, como si fueran Lázaro levantándose de la tumba.

Todo me lleva a Dios. Si Él nos ha dado el poder de purificar el agua con buenas intenciones, ¿por qué no tenemos el mismo poder para cambiar situaciones difíciles o vivir en abundancia? Piensa en alguien que vive en la Amazonía; ¿le puede faltar algo? A menudo, nosotros nos sentimos insatisfechos, deseando lo que otros tienen.

Recuerdo una conversación con una persona muy rica, que se consideraba la más adinerada del lugar. Siempre hay alguien que tiene más, y esa búsqueda incesante de posesiones nos aleja de lo que realmente importa. ¿Qué pensamientos son verdaderos? ¿Es mejor buscar el poder de Jesús, la conexión con la naturaleza o acumular riquezas?

Ayer, Carmen tuvo un breve sueño con Carlos; discutían y él no estaba de acuerdo con uno de los temas. Malén dice que Carlos está buscando su personalidad y, de hecho, lo veo cambiar constantemente. A veces parece muy infantil y, en otras ocasiones, más maduro cuando está con sus amigos.

Carlos también sueña. Hoy me contó que estaba de excursión con sus compañeros de clase, donde conoció a una niña que describió como lista y guapa, tal como su profesora. ¿Serán sus hormonas comenzando a despertar?

En la sesión de SCIO, Carlos mostró una movilidad excelente en ambas manos, y todos los marcadores estaban normales.

Hablando de curación, Din, el hijo de Audrey, es diabético y está comprometido con su salud, aprendiendo sobre plantas con propiedades curativas y cultivando un ecosistema autosuficiente. Tiene un árbol de moringa que creció increíblemente en seis meses y un ginkgo biloba en su casa.

Dentro de poco, irá a Florida al Instituto Hipócrates, donde se enfocan en desintoxicar el cuerpo para reprogramarlo hacia una vida sana. Esta escuela sin ánimo de lucro fue fundada por Ann Wigmore.

El ginkgo biloba tiene propiedades únicas. Se cree que es un sobreviviente de la era de los dinosaurios y ha sido considerado sagrado por los monjes chinos durante miles de años. Es conocido por mejorar la circulación sanguínea y tiene propiedades antioxidantes. Las semillas ayudan a metabolizar el alcohol, y el extracto de ginkgo es un potente antienvejecimiento, mejorando la transmisión nerviosa y la respuesta muscular. Es un gran tónico en casos de fatiga y cansancio.

Domingo 8 de septiembre

Es momento de dar un paso hacia una alimentación sana, aunque no es fácil. Tengo que luchar para que Carlos coma lo más saludable posible. No puedo permitir que coma un perrito tipo Frankfurt cuyo envase no revela los ingredientes y que tiene una caducidad de un año. Y encima, le añadimos una loncha de queso lleno de conservantes. Esos no son alimentos vivos frescos.

Ayer, en un cumpleaños, Carlos vio la típica tarta que no puede comer. Aunque insiste en probarla, siempre termina cediendo. Sabe que, si se lo lleva al hospital, no habrá opciones. Entiende sobre el azúcar, pero también sabe que, si insiste, puede conseguirlo. Es solo un niño.

El aspartamo, otro conservante que afecta al metabolismo, un edulcorante más potente que el azúcar, está presente en muchos productos de supermercado. Mi intención es crear un recetario amplio con menús sanos y repetirlos cada quincena. Quiero seleccionar comidas que le gusten a Carlos y planificar nuestro día a día.

Ahora tenemos una tregua, una tranquilidad entre comillas. Hemos llegado a un punto en el que podemos experimentar con la comida sana, alejándonos de la idea de que la alimentación pueda ser la causa de su malestar.

Hay tantos libros sobre esto que te sientes atrapado en un remolino, girando hasta llegar al centro: una alimentación saludable. ¿Alguna vez te has preguntado por qué algunos alimentos hacen que los niños tarden tanto en beber un vaso de leche? ¿O por qué tenemos alergias y nos salen granos?

Se habla mucho de la enzima prodigiosa, un libro que llama a despertar la conciencia sobre nuestros hábitos alimenticios. Estoy seguro de que será un *best seller* y provocará un cambio en muchas personas.

La diferencia entre comprar en un supermercado y en un mercado natural es enorme. En el primero, cargamos plásticos y envases, y eso se paga. En un mercado ecológico, compramos lo imprescindible: fresco y sin aditivos sintéticos. He mencionado esto antes, pero es importante que aprenda a elegir otro camino.

Miércoles 11 de septiembre

Al mirar el contador de páginas de este diario, recuerdo los inicios; un mundo gris y caótico. Ahora, todo ha cambiado. Un nuevo día de intensos colores me saluda, y solo puedo mirar hacia adelante. El tiempo pasa veloz, y mejor no darle alas a los pensamientos.

Escribir en este diario se ha convertido en una rutina diaria. Cada mañana dedico un momento a registrar lo que acontece, lo que me ayuda a relajar mis pensamientos, esperando que alguien más pueda beneficiarse de ello. Cada evento llega en el momento preciso.

Esta mañana tenía una cita con Marisa para una sesión. Ella trabaja con la persona y su entorno. Después de unas respiraciones profundas y meditación, me conecto con las energías de la Tierra y del Universo. Al relajarme, siento mi cuerpo descansando y mi mente despejada.

Marisa, al verme, percibe que estoy enfadado. Mi descontento con Elena se refleja en mi relación con Carlos, quien lleva la carga emocional de sus padres. Mis dolores de cabeza son manifestaciones de mis enfados.

Marisa ve a las personas como seres únicos que actúan según los propósitos de su alma. Carlos es un 50 % de su madre y un 50 % de su padre. El problema soy yo; tengo vacíos en mi mente que necesito resolver, ya sea con o sin Elena. No puedo hacer que ella sea como yo deseo, y si hay algo que no soporto de ella, debo respetar su forma de ser.

Carlos ha expresado que «no me quiero» y que «el aura de mamá necesita ayuda». Lo que fortalece es hacer las cosas con ganas al 100 %; eso genera buenas vibraciones. Debo rodearme de lo que siento y alejarme de lo que no, porque el malestar interior irradia al entorno. Carlos percibe mi situación y puede intentar cargar con mi malestar.

Recibo un mensaje sobre la última sesión de SCIO: la máquina muestra cuatro picos por encima de 100. Carlos siente «rechazo» (172), «confusión» (161), «falsa ilusión» (160) y falta de «coraje» (137). Todo lo demás está por debajo de 100.

La noche no es fácil. Me cuesta dormir y sueño que me vuelvo loco, rígido, incapaz de controlar mi cuerpo. Soy consciente de lo que me pasa, y a veces despierto con la intención de llamar a Marisa o Bruno para que me ayuden. Pero el sueño continúa.

Viernes 27 de septiembre

Ayer fue un día crítico. En la madrugada, Carlos me dijo que algo no iba bien, y a las ocho de la mañana, después de un día sin fiebre, volvió a aparecer, acompañado de esos dolores intermitentes que parecen ir y venir como una respiración. Alcanzó los 38. 5°, así que tuvo que conectarse de nuevo a la manta térmica.

Durante la tarde, la fiebre comenzó a desaparecer, hasta que ya no necesitó la manta. Marisa vino a visitarlo y jugó con él, haciéndolo reír, lo cual fue un gran alivio. Después de que se fue, Carlos hizo un esfuerzo impresionante; lo vi sentado al borde de la cama, ayudado por una auxiliar. Se reunieron alrededor de seis personas para animarlo y celebrar su voluntad de recuperarse.

Y lo mejor de todo es que, con mucha determinación, no se detuvo hasta lograr ponerse de pie. Verlo así, lleno de ganas de avanzar, fue realmente espectacular y emocionante. Su esfuerzo y coraje son inspiradores y me llenan de esperanza.

Domingo 29 de septiembre

Carlos está estabilizado y, afortunadamente, ya no tiene fiebre. Sin embargo, sigue lidiando con dolores intestinales y hace dos días que no ha podido ir al baño. Cada vez que estoy con él, le hago un par de masajes en la barriga, esperando que eso lo ayude. Lo que más me preocupa son sus conexiones; apenas habla y todavía no mueve el brazo y la mano derecha. La buena noticia es que ha dejado de tener rigidez, incluso en la pierna derecha, que era la más afectada. Pero lo que no ha perdido es su sonrisa y su mirada. ¡Bravo, mi niño!

Es fundamental que salgamos de aquí lo antes posible. Necesitamos unos días en planta y luego volver a casa para seguir trabajando en su recuperación. Carmen volvió a soñar con Carlos y me contó: «Soñé que estábamos con vosotros. En un momento, Carlos se tumbó de lado para descansar y le puse la mano para darle energía a lo largo de la columna, justo donde termina el cuello, entre los omóplatos». Está claro que Carlos ha perdido el control de su cuerpo, y necesitamos trabajar para recuperar esos mandos. La base de esos nervios se encuentra en el cuello, desplazándose hacia abajo a través de la columna y hacia los laterales.

Hoy llegué al hospital alrededor de las 10:00 de la mañana y empecé mis tareas después de que terminaron de asearlo. Primero intenté transmitirle mi alegría, amor y las ganas de ir a planta. Le di su desayuno, aunque reciba alimentación parenteral. Le ofrecí un higo, un trozo de pera, dos tabletas crujientes de sésamo, una galleta de chocolate ecológica sin azúcar refinado, dos almendras tostadas que hice yo y un zumo de melocotón que se tomó durante la mañana. También le colgué sobre la cama el «ojo de Dios» que hizo Bruno para protegerlo y le llevé una radio para que pudiera escuchar música o algún partido de fútbol.

Le di «rescue remedy» debajo de la lengua y en el séptimo chakra, como me dijo el homeópata, y «agua de California» para ahuyentar los miedos. Le hice un masaje en su barriguita, que estaba súper hinchada. Aunque hizo un poquito de caca ayer, aún no ha descargado del todo. También le masajeé las orejas, donde hay muchas conexiones.

Mientras veía una película, le hice un masaje en la nuca y bajé por toda la columna vertebral, como me enseñó Malén, para que los nervios fluyan del cerebro al cuerpo, tal como Carmen me indicó en su sueño. Y ahí está el resultado: Carlos ha movido el brazo derecho varias veces, aunque su mano todavía se queda colgando, pero celebramos cada pequeño movimiento.

Marisa insistió en que Carlos dijera con determinación, ya que el hospital es un foco de energías bajas que se aprovechan de los enfermos: «¡Nada ni nadie me puede hacer daño, queda terminantemente prohibido que tomen de mi energía!».

Domingo 6 de octubre

Tuve una sesión con Malén sobre las emociones y me di cuenta de que, aunque un psicólogo puede ayudar con problemas emocionales, como padres también podemos contribuir hablando con él para liberar nuestras propias emociones. Al expresar lo que sentimos, facilitamos la comprensión y suavizamos sentimientos como la tristeza, el miedo o la rabia. Por ejemplo, una guerra de cojines podría ser una buena forma de liberar la rabia acumulada por el tiempo en el hospital, siempre con un tiempo y espacio establecidos para evitar daños.

Lunes 7 de octubre

No puedo más que ser ¡ESPIRITUAL! En relación con lo que nos causa dolor, rabia o tristeza, reconozco que somos nosotros los creadores de esas emociones. Nadie provoca nuestra ira; somos nosotros mismos al reaccionar ante las acciones de los demás. Nuestros pensamientos generan problemas, y si retenemos pensamientos negativos, podemos crear un estado de inquietud y enfermedad en nuestro cuerpo.

Debo retroceder y recordar la perfección de la vida, contemplando la naturaleza y el cosmos. Al reconocer lo pequeños que somos en comparación con el universo, entiendo que debo separarme de las ilusiones mundanas y de las enseñanzas convencionales. A partir de ahora, quiero estar en contacto con esa presencia, esa fuerza que cubre mi ser y filtrar todo lo que no resuene con paz y amor.

Si la ciencia ha demostrado que el 99,9% de la materia es vacío, elijo cerrar los ojos y silenciar mi mente. Quiero experimentar mi esencia como alma y escribir en este diario, sintiendo la presencia de Dios. Este aprendizaje comenzó cuando mi hijo Carlos activó su cuerpo para equilibrarse después de recibir toxinas. Su cuerpo trabaja para restaurar el equilibrio y la energía.

No voy a resistirme a la enfermedad ni a considerarla una batalla. Agradezco y acepto que es un proceso de evolución. Pediré a esa fuerza que se encargue de Carlos para que viva en paz y me envíe señales para resolver cualquier conflicto. He llegado a comprender que la voluntad de Dios impera en la naturaleza, y mientras Carlos esté con nosotros, viviré en concordancia con el universo, notando siempre Su presencia.

El último libro que leí se titula *La fuerza del espíritu*, y a través de él, me acerco más a la concordancia con la naturaleza y el amor.

No importa qué día es hoy. Este momento marca el inicio de una nueva etapa en mi vida, una nueva visión. Hoy es el comienzo de dar la bienvenida a todo, agradeciendo y aceptando las cosas tal como vienen. Lo que está por venir no pertenece al pasado, y lo que ya he escrito también es parte del pasado.

Hoy estuve conectado a la máquina de SCIO gracias a Audrey, quien notó que necesitaba eliminar algo de mi mente. La máquina detectó fatiga, pesimismo, depresión y una falta de autoestima. Val estuvo presente y me recordó la importancia de la incredulidad y la confianza. Lo primero que debo hacer es aceptar que Carlos está curado, aunque pueda tener algunas secuelas. Pensar en el pasado o dudar de su estado solo me perjudica a mí y a él.

Val también dijo que, si no me quiero, nadie lo hará. Al amarme, mágicamente atraeré amor en mi vida. Lo que doy es lo que recibiré. Si anticipas algo que parece un problema, dale la bienvenida sin juzgar y agradece. Pido al Universo la solución y le delego mis preocupaciones, agradeciéndole por ello. Cuando me duele algo, en lugar de maldecir, agradezco.

Finalmente, me animo a tomar quince minutos al día para cerrar los ojos, agradecer y afirmar: «Yo soy amor». Es simple, me decía Val.

Casi falto a mi cita con SCIO; Val me llamó para recordármelo. Hablé con ella sobre lo que Carlos me dijo, que «no me quería», y todo encaja como un rompecabezas. Me asombra cómo actúa esa Fuerza. Al revisar mi diario, veo que Carlos mencionó su propósito, y me doy cuenta de que a veces necesito un empujón para cambiar.

Aunque no es fácil, cada día, con intención activa, puedo lograrlo. He sentido que el cambio se estaba activando y, con la conexión a la máquina y Val como guía, hoy es el día de comenzar de nuevo. Si no, el trabajo de SCIO y cualquier otro esfuerzo no habrá servido para nada.

Viernes 18 de octubre

No tengo una captación o visión espiritual clara, pero sigo recibiendo mensajes a través de las personas. Hoy, me reencontré con el jefe de rehabilitación, quien antes había rechazado el trabajo de Malén. Este encuentro ocurrió en casa, donde vino con la doctora y la enfermera para evaluar si Carlos necesita rehabilitación domiciliaria. Al final, decidieron cancelar el servicio porque Malén ya lo está atendiendo.

Antes de despedirnos, me preguntaron sobre alguna asociación de Reiki para incluir en los servicios del hospital. ¡Increíble! Justo Carlos tiene una sesión de Reiki en media hora. Recordé cómo en el pasado, la doctora del hospital se interesó por el Reiki cuando vio a Marisa trabajando con Carlos. Compartí que en Madrid hay sesiones de Reiki, lo que demuestra cómo se abren puertas inesperadas.

En la sesión, Bruno me preguntó cómo estoy y notó que Carlos ha ganado peso. Le compartí que estoy trabajando en el propósito de Carlos, que también es el mío: «quererme». Busco salir del triángulo dramático de Karpman, un concepto que descubrí en un libro que recomiendo. Medito a diario y me conecto al SCIO. Todo llega a mí: el mensaje es dar la bienvenida a todo sin juzgar, ser amoroso y disfrutar de la vida tal como viene.

Sé lo que tengo que hacer, pero hay algo en mi relación de pareja que me inquieta. Me gustaría hacer el amor, pero siento que llevamos demasiado tiempo sin conexión. Aunque a veces pienso en irme, sé que no es el momento. Reconozco que tengo la oportunidad de cambiar mi comportamiento, eliminar los enfados silenciosos y expresar mis deseos.

Bruno me anima a aceptar la vida, a Elena y a Carlos con todo mi corazón. Después de la sesión, Bruno experimentó picor en su cuerpo y quería saber más. Le expliqué que ese picor podría ser algo que está saliendo del cuerpo de Carlos, una señal de su recuperación.

Me siento agradecido por el trabajo que estamos haciendo y admiro su compromiso. Estoy convencido de que cuando envías un mensaje al Universo, este responde. Recibo señales de todos lados, reafirmando lo que necesito escuchar.

El picor que sintió Bruno podría ser una señal de algo que se está liberando en nuestra familia. Hay un proverbio budista que dice que si estás en la dirección correcta, solo tienes que seguir avanzando.

Daré la bienvenida a todo, sin juzgar, y aceptaré la vida tal como viene, aprendiendo de cada experiencia, incluso de las difíciles. Pediré a Su presencia que disuelva lo negativo, permitiéndome vivir en paz, sabiendo que nada malo puede venir de Dios.

Lunes 21 de octubre

Este fin de semana viví mi primera experiencia emocionante con el Reiki. Después de varios meses sin visitar la caseta de campo, Carlos invitó a sus primas mellizas, Alba y Selena. Una noche, Alba lloraba por un intenso dolor de cabeza que le provocaba náuseas. Tras consultar con su padre, le dimos un poco de aspirina disuelta en agua.

Le pedí a Alba que se tumbara en el sofá y coloqué mis manos sobre su cabeza. Pedí a los seres superiores que me abrieran el canal para canalizar la energía de la Fuente. Al cabo de unos quince minutos, abrí los ojos y vi que Alba estaba tranquila, dormida y con una expresión de bienestar. Limpié su aura, sintiendo que algo especial sucedía. Alba me comentó que mis manos estaban muy calientes, lo que la reconfortaba, ya que su cuerpo estaba frío. Fue asombroso conectar de esa manera; sentí un fluir a través de mi cabeza y mis manos, algo que nunca había experimentado antes.

Sábado 26 de octubre

Carlos está fenomenal, más gordo que nunca, ¡tiene unos mofletes irresistibles! Todos lo notan. Está recuperando fuerza y ya me pide ir en bicicleta, a jugar al tenis. El mes pasado, el 15 de octubre, fue la primera vez que superó los 25 kg. ¡Bravo, mi niño!

Como dice Bruno, es un guerrero galáctico acompañado de su legión. Si un día Dios decide llevarlo, se irá con la Luz Divina que corresponde a esos seres especiales que han venido a la Madre Tierra para cumplir su misión. Los que estamos cerca aprenderemos de él lo que necesitamos. Personalmente, he aprendido mucho y me siento agradecido por la oportunidad de trabajar con Carlos.

Miércoles 6 de noviembre

Dios da vida a Carlos, y en él siento la presencia de lo divino. A veces, recuerdo momentos difíciles, cuando Carlos estaba en la cama inconsciente, y ahora verlo gordito, bello y feliz me hace reflexionar sobre la fuerza del espíritu que hay en él.

Recientemente, le hablé a Carlos de manera diferente, casi riñéndole, y él me preguntó por qué lo hacía. Me doy cuenta de que aún tengo mucho que aprender sobre cómo tratar a un ser de luz, como él, y debería hacerlo con todos.

Carlos me está enseñando constantemente. El otro día vi una conferencia sobre la destrucción de imágenes de la NASA del Apolo XIII. Es interesante cómo muchas personas vienen a Barcelona para compartir mensajes importantes con la humanidad, algo que antes estaba vetado.

Sé que no todo lo que circula por internet es cierto, pero he sentido que Barcelona se ha convertido en un lugar de «despertar» sobre quiénes somos y por qué estamos aquí. Una frase que resonó en mí fue: «Un día, reclamaremos nuestro sitio en las estrellas».

Otra decía: «Enhorabuena a todos por ser seres privilegiados por elegir su andadura por la Tierra. Id con Dios. Os quiero». A veces, es complicado hablar de estas cosas, ya que es difícil de creer y puedo ser malinterpretado.

Es el momento de explorar lo desconocido, de leer lo inexplorado, de escuchar a quienes tienen algo que decir a la humanidad, de reiniciar, de borrar la memoria antigua y de buscar la verdad en nuestro interior.

Debemos llevar nuestra conciencia al corazón y actuar desde allí en todo momento.

Viernes 15 de noviembre

Hoy tengo cita en el hospital para que vean qué hay en la cabeza de Carlos. Por primera vez, no entraré con él; será su madre quien lo acompañe para que se sienta tranquilo y no necesiten sedarlo.

He de reconocer que he dedicado muy poco tiempo a pensar en esta resonancia. Son las 6:45 y justo ahora estoy escribiendo sobre ello. He llegado a un punto en que, sin importar lo que diga un informe de RM, el resultado siempre me parece preocupante. Ellos pueden ver cosas que les inquieten, y eso me lo transmiten, pero yo soy quien regresa a casa con un peso en el corazón.

A pesar de todo, la mirada y el aspecto de Carlos hablan más que cualquier informe médico. Tengo la esperanza de que algún día desaparezca todo lo extraño en su cabeza. Creo que deberían dejar de hacer resonancias; no entiendo su insistencia. Con el tiempo, casi puedes olvidar todo, y la estabilidad y el equilibrio son suficientes para seguir adelante, sin preocuparme si un nódulo ha crecido un milímetro.

A veces es difícil dejar el pasado atrás, aunque lo intento. Ahora es importante vivir con la creencia de que está sano, sin importar lo que digan los informes. La próxima vez que vengan a casa para hacer una analítica, plantearé mi deseo: ¡basta ya!

Sábado 23 de noviembre

El campo energético en la sala era impresionante, alcanzando 17 000 unidades Bovis, muy por encima de lo normal. La vibración era tan intensa que ningún aura podía captarse con la cámara Kirlian, y un detector de presencias señalaba siempre al máximo. Solo bajaba un instante cuando poníamos la mano sobre su antena, lo que nos tranquilizó al descartar entidades extrañas.

Todo se debía a la meditación grupal previa a la charla de un hombre que nos presentó un aparato de radiónica, un dispositivo que no usa electricidad ni baterías, sino la fuerza mental. Nos explicó que este tipo de tecnología se conecta con nuestro «Yo Superior», como si marcara un número en la Fuente Divina.

El propósito era conectar a Carlos al aparato para ayudar en su proceso de sanación. Se introdujo un mechón de su cabello junto con órdenes escritas: fortalecer su sistema, eliminar células dañinas y sanar. Ajustábamos los botones hasta que la máquina indicaba que el mensaje había sido enviado. Pude experimentar esto personalmente al fijar la orden de eliminar el tumor; el último botón se resistía, como si algo impidiera completar el proceso.

Luego, formamos un círculo de nueve personas, tomadas de las manos y conectadas al aparato, con Carlos en el centro. La energía era palpable mientras todos nos enfocábamos en la intención de su sanación.

Después, Juan María, un viejo amigo, invitó a Carlos a probar una pirámide energética que había instalado en otra sala. Sentado en su interior, Carlos sintió paz y bienestar. Juan María explicó que la energía concentrada bajo una pirámide orientada al norte tiene un poder reparador y que meditar en ella es como hacer Reiki potenciado.

Carlos se llevó consigo una botella de agua mineral programada exclusivamente para él, una fuente vibracional que nunca debería vaciarse por completo.

Gracias a Marisa por guiarnos en este camino espiritual y acercarnos más a la presencia de la Fuerza Divina.

Lunes 25 de noviembre

Ayer decidí separarme de Elena. Me di cuenta de que mis enfados con Carlos en realidad eran proyecciones de mi frustración hacia su madre. No soy feliz en esta relación; no hay amor vibrante, solo una convivencia apagada y rutinaria. No hay peleas ni malos tratos, pero tampoco la conexión que anhelo.

He intentado aceptar la vida con amor incondicional, pero mis meditaciones no me ayudan a calmar mis pensamientos. Siento que lo hago todo, aunque sé que no es verdad. Me dijeron que delegara más, que me hiciera el tonto, pero hay algo más profundo que me incomoda.

Pienso en la falta de pasión, en el esfuerzo constante que requiere criar a Carlos, en cómo el cansancio nos aleja. Y ahora, yo también quiero buscar algo de entretenimiento, algo que me saque de esta monotonía.

Voy a tomarme un descanso de una semana. Me preocupa cómo se las arreglará Elena, pero me dicen que lo hará como cualquier otra persona. Me inquieta quién motivará a Carlos con el piano, el tenis, la lectura… Pero recuerdo las palabras de aquella mujer que me aconsejó alejarme un poco de él. Tal vez sea el momento.

Mi cuerpo también me habla: molestias en la pierna, problemas intestinales… señales de que algo en mí necesita liberarse. Carlos me sugirió ir a la caseta en Biniali. No sé aún dónde iré, pero le expliqué que necesito arreglar algo en mi interior y en la convivencia con su madre.

Elena no ha dicho nada, ni ayer, ni hoy. Esta mañana Carlos volvió a la escuela tras una semana enfermo. En el coche, me contó que su clase escribió deseos y el suyo fue que sus papás nunca se fueran de casa.

Sin comentarios.

Miércoles 27 de noviembre

No creía que nuestros pensamientos y palabras crearan realidades, pero ahora comprendo que todo lo que emitimos regresa a nosotros como un efecto *boomerang*. La *Ley de Atracción* es real, y debo ser consciente de lo que pienso y digo.

Un libro llamado *Un curso de milagros* apareció en mi vida como una revelación. Me mostró que el dolor, el miedo o la ira no vienen de afuera, sino de mis propias emociones. Enric Corbera, como muchos otros, habla de este curso como una herramienta para despertar el poder que llevamos dentro.

Las claves son simples pero profundas:

- **Ser agradecido**, porque la gratitud atrae abundancia.

- **Pedir con claridad**, porque el Universo responde con exactitud.

- **Bendecir todo y a todos**, pues cada persona en mi vida es un maestro.

- **Insistir en crear mi realidad**, sin rendirme.

- **Desapegarme de lo innecesario**, liberando mi mente.

- **Practicar la abundancia**, no solo material, sino en amor, generosidad y tiempo.

Si doy amor, recibiré amor. Si doy felicidad, la recibiré. Pero si emito lo contrario, también me volverá.

Incluso el acto de dar debe venir desde la gratitud, no desde la pena. Si doy una limosna, que sea porque la persona me ha regalado una sonrisa, no porque la compadezco.

Enric decía: si quiero llenar una sala para una charla, la reservaré sin miedo, creyéndolo ya hecho. Si no sucede, será en otro momento.

Si mi cuerpo siente dolor, debo preguntarme: *¿qué pensamiento lo ha causado?* Integrarlo como aprendizaje y luego soltarlo, entregándolo a la Voluntad Divina.

A partir de ahora, cuidaré cada palabra y cada pensamiento.

Domingo 1 de diciembre

Gracias a ti, diario, puedo plasmar el camino de mi vida y darme cuenta de que los giros inesperados son, en realidad, respuestas a lo que he sembrado. Si lo ideas, lo crees; si lo crees, lo creas.

Hace dos días, en un arrebato frente a mi mujer y mi hijo, expresé que tenía un problema en mi cabeza y necesitaba tiempo fuera de casa. En mi diálogo con los de arriba, pedí Luz para resolver mi situación.

Al día siguiente, Carlos escribió en la escuela su deseo «que sus padres nunca se fueran de casa». Y luego, mis amigos Mandy, Bruce y su hijo Elías me ofrecieron su casa durante unos días *con* mi familia. Sin dudarlo, acepté.

Pero mi mente seguía dividida. Algo en mí quería ir solo, tal vez por costumbre, por ego, por miedo. Sin embargo, noto cómo el simple hecho de expresar mi deseo creó un campo de acción que hoy puedo ver, notar y sentir.

Esta noche, la vida me ha dado una respuesta. Tal vez esta sea la medicina que necesitábamos. Tal vez hoy se haya cumplido *el propósito*, el mío, el nuestro. Quizás hoy empiece una nueva vida, un despertar al Amor.

Y mientras mi familia pasa la noche en casa de Malén, yo me quedo solo en casa. Le agradezco a ella desde aquí, porque ha sido el canal para traer el Amor.

Me doy cuenta de que me han hecho feliz. Hay mucho por hacer a partir de ahora. Pondré toda mi atención en alimentar el Amor, cada día, cada hora.

Martes 3 de diciembre

Bruno se adelanta para hablar conmigo antes de la sesión con Carlos. Me recuerda que Elena debe hacerse la hidroterapia; le hará bien, sacará muchas cosas y se sentirá mejor. Me dice que comprende la carga que llevo y la paciencia que esto requiere.

La próxima semana será la última sesión con Carlos, aunque seguiré en contacto diario con él. Me iré a Portugal y México desde enero hasta abril. Hablé con Juan María, quien invitó a Carlos a colocarse bajo la pirámide. Hemos acordado que, mientras yo esté fuera, él podrá trabajar con Carlos, ya sea en su casa o instalando una pirámide en la nuestra.

En la sesión con Malén, le comento sobre la pirámide, y ella se muestra recelosa. Ha experimentado con ellas y leído mucho al respecto. Me advierte que Carlos no debe dormir ni pasar largos periodos bajo una pirámide, pues estas concentran energías poderosas. Explica que las pirámides atraen tanto energías positivas como negativas, dependiendo de su ubicación y orientación. Me cuenta que antiguas civilizaciones conocían bien estos efectos, usando báculos para generar energía de vida o de muerte según su giro.

Carlos ha dibujado nuevamente una casa a Malén. Bruno dice que la casa simboliza a la persona. En este dibujo, por primera vez, aparece una cara en la casa, con expresión de alegría, lo cual me parece significativo de su estado actual. También están el sol, la luna y las estrellas, siempre presentes, aunque a veces no se vean.

Quizás, ahora, la pirámide tomará el lugar de Bruno por un tiempo.

Sábado 14 de diciembre

Hace dos años escuché por primera vez sobre las constelaciones familiares. Hoy, gracias a Nina y junto a Elena, he vivido una experiencia profunda al constelar sobre la enfermedad de Carlos.

Bert Hellinger desarrolló esta terapia, que revela las lealtades inconscientes dentro de nuestras familias. Nos vinculamos a nuestros ancestros con lazos de amor que pueden traer felicidad, pero también sufrimiento o enfermedad. Al constelar, accedemos a una conciencia colectiva atemporal que influye en nuestras decisiones, aun sin ser conscientes de ello.

El proceso fue impresionante. Al comenzar, cada representante asumió su papel como si una fuerza mayor los guiara. En la constelación de Elena, su bisabuelo, que luchó y murió en la guerra civil española, emergió como figura clave. Alguien representó a Carlos, y, de forma impactante, llevó las manos a las zonas exactas donde tiene su enfermedad. Fue como si, en ese instante, el origen oculto de su padecimiento se hiciera visible.

En la representación apareció un monumento a los caídos, y el ancestro pidió perdón, reconociendo su falta de elección en aquel tiempo. Al hacerlo, Carlos dejó de sostenerse la cabeza y la espalda. Fue un instante de liberación. Entonces, Elena le dijo con firmeza:

—Carlos, ya no tienes que llevar más esta carga. Ahora puedes sanar y vivir plenamente.

Han pasado días desde la constelación, y aunque Joana nos pidió dejar reposar la experiencia sin hablar de ella, hay algo que resuena en mi mente: Carlos me ha dicho que no piensa volver al hospital. Sin comentarios. Solo sé que estoy con él, y en mi corazón, algo me dice que quizá ya no sea necesario volver.

Martes 24 de diciembre

Ayer parecía un simple resfriado de garganta, pero hoy, a las 5:30 de la madrugada, Carlos tiritaba con fiebre de 38.3°C. Empecé a tratar la fiebre y la tos, y tres horas después, la fiebre había desaparecido.

Al poco de levantarse, sentado en el sofá con un libro, me dice que no puede controlar su mano izquierda. Su habla es pastosa, su equilibrio falla. Camino al hospital, entre lágrimas, se pregunta si podrá recibir sus regalos de Papá Noel. Afortunadamente, la crisis no fue tan severa como las anteriores.

En la camilla, Carlos relata a la doctora cómo intentaba pasar una página y giraba veinte de golpe. Pero, sorprendentemente, los síntomas desaparecen. Tras exploraciones y análisis, el diagnóstico es gripe, posiblemente causando un pequeño edema cerebral y una crisis neurolingüística. Nos recetan un jarabe antivírico y, tras seis horas de observación, nos dan el alta.

A las seis de la mañana, sin poder dormir, le hago Reiki. Creo en ello con certeza, pero más aún, *creo* en la energía de Dios como una realidad activa. Lo escrito es claro: *Hazlo y verás los resultados*. Gracias, gracias, gracias.

El homeópata explica que la infección ha afectado la sangre. Las plaquetas han bajado a 102.000 desde 138.000 en solo cinco días. Todo en el cuerpo es reacción y equilibrio. Ahora toca confiar y seguir adelante.

Miércoles 1 de enero de 2014

La teoría de Hamer sostiene que la curación pasa por revivir situaciones de crisis, lo que permite descubrir la causa de la enfermedad y repararla. Malén insiste en que las crisis son repeticiones que se van suavizando con el tiempo. A través de los recuerdos, como olores o canciones, se activan reacciones en el cuerpo. Hamer ve esto como clave para resolver la enfermedad.

Carlos, desde pequeño, mostró una personalidad sumisa, sin imponerse ni expresar sus sentimientos. Esto le causó retenciones emocionales que se manifestaron físicamente como estreñimiento. Con el tiempo, emergió su otro yo, Patufet, una versión sana y libre de prejuicios, dispuesto a ser escuchado.

A nivel familiar, existe una confusión en los roles de los padres, según Malén. Carlos ha mostrado un resentimiento hacia ellos, confuso por las dinámicas familiares. Esta confusión persiste, y la rabia que experimenta por su vida diferente está siendo trabajada en las sesiones de terapia. A su madre le llamaba papá-mamá y a mí, mamá-papá.

El estrés es una constante en sus crisis. En varias ocasiones, las crisis coinciden con momentos de estrés, como después de su cumpleaños, su primera comunión, y varios ingresos hospitalarios. También se menciona un accidente de bicicleta ocurrido en 2009 como un posible desencadenante de estos episodios, aunque Carlos lo acepta como parte de la vida, sin culpar a nadie.

Una visión más espiritual se aporta a través de las Constelaciones Familiares. Se sugiere que Carlos, a nivel kármico, lleva una carga emocional heredada, intentando integrar el sufrimiento de víctimas de su familia. Aunque este tipo de dinámicas familiares no resuelven el conflicto, es una forma profunda de amor hacia el sistema familiar.

Finalmente, al llegar un año más, el deseo es que el cuerpo de Carlos se equilibre, liberado de toxinas, y que la energía espiritual fluya con fuerza y amor, agradeciendo a la vida por todo lo vivido.

Lunes 6 de enero

Queridos Reyes Magos:

Aunque ya no tengo edad para creer en cuentos, conservo el corazón abierto para no negarlos. Mis padres me enseñaron lo que ellos aprendieron, y ahora yo se lo transmito a mi hijo: una «ilusión» que, aunque falsa, me aleja de vivir en un mundo de guerras y odio. Aunque a veces parezca que todo gira en torno al dinero, es difícil aceptar que no es así. Mi deseo es que los niños sigan siendo lo más importante de esta ilusión, ahora y siempre.

Un día espero portarme bien, amar incondicionalmente a todo lo que habita la Tierra y hacer algo por ella y por los demás. Sé que debo aprender tanto como enseñar. Una vez leí que «cuando se enseña, se aprende».

No os pido nada material, solo que podamos sentir la presencia de Dios, que apartéis el mal de entre nosotros, y que podamos encontraros de nuevo el próximo año. ¡Hasta luego!

Viernes 17 de enero

A las 2 de la madrugada, escuché a Carlos salir del aseo. Al encender la luz, me dijo que no tenía fuerzas, no hablaba bien, sentía mucho frío y un fuerte dolor de cabeza. Me comentó que no iría al cole ni jugaría al tenis. A las 6 de la mañana, el frío y el dolor de cabeza seguían. Ahora se le entendía mejor, y vomitó mucho líquido.

En momentos como este, te invaden los demonios. Qué paradoja es vivir de forma diferente a la mayoría, estar del otro lado, con la mente distraída en la vida. Les preguntas a los de arriba si hay algo más por aprender, y la respuesta es clara: sí. Hay que dejar fluir sin resistencia, mantener el contacto con la paz interior a través de la meditación, estar en armonía con la Naturaleza y el Universo, y agradecer la vida con el corazón, que es lo único que realmente tenemos. Esa es la mejor arma.

A las 8 de la mañana, Carlos estaba dormido en el sofá. Pasó el día y hablé con el Homeópata, quien me recetó Belladona 7ch y Natrum Sulfúricum 30ch para tratar sus trastornos. Agradecimos a Marisa por traer su energía a nuestra casa mientras Carlos seguía descansando.

Por la tarde, el dolor de cabeza desapareció, y Carlos celebró su alivio, diciendo que estaba feliz por ello. Volvió a ser él mismo, comprobando su fuerza en mi cuerpo, como si fuera su saco de boxeo.

Los fantasmas de la memoria alteran nuestro cuerpo, como lo describe Deepak Chopra. Él cuenta que su esposa era alérgica a un polen específico de una ciudad, y un día, al creer que habían aterrizado en esa ciudad, comenzaron a aparecerle sarpullidos en la piel. Sin embargo, al hablar con la azafata, descubrieron que se habían desviado de su ruta y estaban en otra ciudad. En cuestión de segundos, la alergia desapareció.

Chopra nos dice que podemos hablar con el espejo y creernos lo que nos decimos, pero el subconsciente tiene sus propios planes. Desear, visualizar, y poner toda nuestra intención en algo es lo que podemos hacer conscientemente, y hay estudios que respaldan esta idea.

Cuando surge un conflicto, aunque todas las células del cuerpo reciban esa información, este afectará la zona más sensible o vulnerable del cuerpo. No importa cuánto cuidemos nuestra dieta; un estado de nervios puede afectar al estómago si es un órgano vulnerable, o irritar el colon, o incluso manifestarse en el cerebro como obsesiones.

Como afirma Chopra: «Puede que uno se olvide conscientemente de su preocupación, pero cuando la sensación vuelve a surgir en la memoria, parece que se apodera del cuerpo entero». (*La curación cuántica*).

Martes 21 de enero

Hoy ha sido un día enérgico. Primero, el peso de Carlos alcanzó los 29,1 kg, un récord personal. En la sesión con Malén, después de quince días fuera de la Isla, le informé sobre las crisis de la semana pasada. Tanto los médicos como el homeópata no logran entender completamente la situación de Carlos. Los médicos le administraron cortisona, un medicamento que se usa como tratamiento de choque, aunque no estoy convencida de su efectividad a largo plazo. Malén sugiere que debe haber una cortisona homeopática, aunque el homeópata no se atreve a recomendarla por la responsabilidad que conlleva.

Estoy convencida de que lo que le sucede a Carlos sigue el patrón descrito en los estudios de Hamer, y la prueba es que las crisis se están suavizando. Hoy, además, Carlos pasó veinte minutos debajo de una pirámide, una experiencia que sigue siendo parte de nuestra búsqueda por soluciones alternativas.

Hablamos con Juan María (le obsequió a Carlos un colgante en forma de antena, que absorbe las energías buenas) y Francisca, quienes nos están ayudando mientras Bruno está fuera. Juan es una persona con un gran conocimiento en terapias energéticas, Hamer, alimentación y el uso del agua de mar, entre otras cosas. Él cree que los delfines tienen un poder extrasensorial y que pueden comunicarse con nuestro yo superior. Carlos debería interactuar con ellos, pues se dice que las personas con dificultades físicas y mentales pueden encontrar sanación en su cercanía.

Juan también me enseñó a percibir la energía del aura. Si las manos se miran sin tocarse, se puede sentir la energía del cuerpo, y cuando las manos miran al cielo, captan la energía universal. A través de su ejemplo con una gatita, comprobamos cómo se puede enviar energía sin contacto físico, simplemente a través de la intención.

Hablamos también de la pirámide, que, según Juan, puede captar y canalizar energía. El padre de Francisca, escéptico en un principio, ahora duerme bajo una pirámide por los beneficios que le ha aportado, como el aumento de antioxidantes en su sangre.

Además, discutimos los beneficios de la leche de alpiste. Este alimento natural tiene propiedades antiinflamatorias, reduce la obesidad, mejora la circulación, ayuda a la diuresis y actúa como un potente antioxidante. Carlos debería tomar un vaso de leche de alpiste antes de desayunar y otro antes de acostarse. Es importante hacer descansos de quince días después de un mes de consumo para evitar descompensaciones de sales minerales en el cuerpo.

También mencionamos el bicarbonato sódico, un producto económico y eficaz, utilizado por nuestros abuelos. Juan lo usa a diario para lavar sus dientes y tomarlo por la mañana y noche para alcalinizar su cuerpo. Francisca también lo usa después de una barbacoa para aliviar malestares intestinales, y es efectivo para muchos otros problemas de salud como diarrea, acidez o acné.

Es un placer encontrar personas que nos ayudan de manera natural y directa. Finalmente, hablamos del agua de mar, que considero beneficiosa para mantener el contacto con el origen de nuestra existencia. Juan me invitó a instalar una pirámide en la cama de Carlos para observar sus efectos.

Al día siguiente, Francisca me llamó para saber cómo iba el día, pero no noté nada extraño. Sin embargo, en la sesión con Audrey (SCIO), la máquina dejó de funcionar tras escanear a Carlos. Durante el reinicio, la máquina detectó varios desequilibrios cerebrales, pero al final de la sesión, todos los indicadores cerebrales estaban dentro de los parámetros normales.

Por último, Carlos me contó un sueño: un compañero de clase le decía que estaba flojo y no podía jugar al fútbol, pero su primo Luis defendió a Carlos, aclarando que no se le había olvidado y que en cualquier momento sería tan bueno como los demás.

Miércoles 29 de enero

Es impresionante ver cómo avanzan las cosas con Carlos y el impacto positivo que tienen las sesiones con Malén. Es una suerte contar con alguien como ella, cuyas respuestas se basan en conocimiento profundo y experiencias prácticas. Me imagino lo valioso que debe ser tener su guía para despejar las dudas y orientarte en todo este proceso.

La observación que hiciste sobre la agilidad de Carlos es un punto interesante. Es fascinante que algo tan simple como la postura y los ejercicios específicos que Malén incorporó hayan hecho una gran diferencia en su capacidad de movimiento. El hecho de que Carlos pueda ahora hacer movimientos que antes eran imposibles es realmente alentador y muestra cómo pequeñas intervenciones pueden tener un impacto tan significativo.

El hecho de que la pirámide pueda tener efectos tanto positivos como negativos en el cuerpo también es un recordatorio de la necesidad de ser cautos con las energías. Aunque la pirámide puede ser beneficiosa, es importante no sobrecargar el cuerpo, especialmente si no está acostumbrado a ese tipo de energía. La prudencia es clave en este tipo de prácticas.

Me resulta curioso lo que mencionas sobre la leche de alpiste. La forma en que Malén sugiere testarla a través de la biorresonancia del homeópata o incluso con telequinesia es un enfoque muy interesante. Es fascinante cómo se pueden usar métodos alternativos para comprobar la compatibilidad de ciertos alimentos con el cuerpo. En cuanto al bicarbonato sódico, es cierto que, aunque es un excelente alcalinizante, no debe usarse en exceso, y como con todo, el balance es esencial.

El té kukicha y los alimentos alcalinos como los higos y pepinos también son una excelente recomendación para mantener el equilibrio del cuerpo. Y, como bien señala Malén, los cambios en la dieta, como reducir el consumo de carne, azúcar, café y alcohol, son cruciales para mantener un cuerpo alcalino y saludable.

En cuanto a los delfines, la conexión curativa que tienen con las personas es fascinante. Es impresionante cómo su alta frecuencia puede detectar enfermedades y ayudar a sanar. La historia del delfín en Irlanda que establece contacto con los habitantes y utiliza un sonido específico para comunicarse es un ejemplo asombroso del poder de estos mamíferos. Los delfines no son solo seres maravillosos, sino que tienen un impacto profundo en el bienestar de las personas, especialmente en quienes sufren de parálisis cerebral.

La sesión de SCIO con Audrey también parece haber dado pistas interesantes sobre los riñones y el estómago de Carlos, lo que puede estar relacionado con su resfriado. Esto añade una capa más a la comprensión de su salud y cómo los diferentes factores pueden estar influyendo en su bienestar.

Y, por último, el dibujo de Carlos es un reflejo de su extraordinaria capacidad para visualizar su propio proceso de sanación. El hecho de que pueda representar su cuerpo, las células y cómo se purifican a través de la energía amarilla es una manifestación muy poderosa de su conexión con su bienestar interior. El detalle de la reunión con su Patufet y Dios en la sala de cine, viendo células alegres y sanas, es profundamente emotivo y muestra la madurez emocional y espiritual que está desarrollando. ¡Un verdadero logro de crecimiento personal!

Es increíble cómo, a través de la visualización y la conexión con su propio cuerpo, Carlos está creando una narrativa de sanación. ¡Qué orgullo y qué belleza en todo lo que está experimentando!

Domingo 2 de febrero

Ayer, mientras íbamos camino a casa de nuestra amiga Malena, Carlos me comentó que no podía mover bien los dedos de la mano derecha. Estaba resfriado y con conjuntivitis, pero parecía que no iba a empeorar. Más tarde, a las 10:45 p.m., llegamos a casa y lo vi cansado, con una ligera fiebre de 37°. Durante la madrugada, su malestar aumentó y, a las 3 a. m., su temperatura subió a 38,2°. Le di algo para la fiebre y le limpié los ojos con manzanilla. A esa hora, Carlos sugirió que fuéramos al hospital.

Al llegar, en urgencias, estaba muy incómodo, se quejaba de dolor y no podía mover bien la mano. Le hicieron un TAC, que mostró un aumento de la enfermedad, pero no con certeza debido a la inflamación cerebral. También le extrajeron líquido del catéter para analizarlo, aunque en ocasiones anteriores no habían encontrado ningún virus. La doctora nos explicó que preferían no arriesgarse.

A lo largo del día, los dolores aumentaron y, tras consultar con la doctora, decidimos administrar morfina. A las 4 a. m., debido a los gritos de dolor, le administraron una segunda dosis. Aunque la situación era grave, lo que sentí con claridad fue que las infecciones que sufría Carlos estaban más relacionadas con una respuesta interna de su propio cuerpo, un reflejo del dolor profundo que su ser manifestaba ante esa extraña batalla.

Lunes 3 de febrero

Carlos se despierta con mejor aspecto, aunque el dolor persiste con menos intensidad y su habla es más fluida. A las 9:30 a. m. nos informan que lo trasladan a planta. Mientras lo preparaban para otra dosis de morfina, se duerme antes de que se la administren, y con ello el dolor desaparece. Es un dato importante: cuando duerme, el dolor se alivia. Al despertar, comienza a quejarse de nuevo.

Elena me hace el relevo y, en casa, llamo al homeópata. Cuando le cuento lo sucedido, parece que ya lo intuía. Me dice que lo que está dando no está funcionando y, con gran tristeza, menciona que este proceso debe ser visto no desde lo físico, sino desde lo espiritual. Me habla de señales que indican que el camino de Carlos podría estar acercándose a su fin, aunque desea equivocarse. Me recomienda adoptar esa perspectiva, para ayudar a todos a sufrir menos, ¿¿¿incluida???, él. Me sugiere que este proceso es parte de un aprendizaje y que todo ha servido, tanto para él como para nosotros.

Lo que más me impacta es su consejo de aceptar lo que está ocurriendo como parte de un camino espiritual elegido. A pesar de la tristeza y la dificultad de las palabras, intento asimilarlo. Al mismo tiempo, la sensación de que la medicina convencional y ahora la homeopatía no han dado resultados me deja desconcertado.

Llamo a Maléna, quien me anima diciendo que, en comparación con otros casos de cáncer que ha visto, Carlos ha mostrado una fuerza impresionante. Ella tiene fe en que Carlos va a seguir adelante, y eso me da algo de esperanza.

Viernes 7 de febrero

La noche fue tranquila, el descanso reparador, y el alma de Carlos parecía viajar libremente. A la mañana siguiente, me sorprendió ver a Carlos sonriendo a carcajadas, rodando en la cama como una croqueta, y haciendo sus necesidades por primera vez desde que ingresó. Carlos había vuelto a estar con nosotros.

Los médicos seguían su parte, administrándole morfina, corticoides, y las dosis habituales de otros medicamentos. Ya no me importaba tanto. Todo eso me parecía secundario al mirarlo desde un plano más espiritual, desde el alma. Sabía que, si Carlos decidía irse, sería porque su tiempo aquí en la Tierra había concluido. No creía que un fármaco fuera la causa; todo dependía de la voluntad de Dios.

Por mi parte, continuaba con mi enfoque espiritual. Le hacía Reiki, activaba sus meridianos como me enseñó Bruno, y le daba masajes en la barriguita. También añadí media cucharadita de bicarbonato a su protector de estómago, como lo hacía habitualmente con su arcilla blanca suiza del Dr. Vogel.

Finalmente, envié un mensaje de agradecimiento al equipo de sanación, y también a los médicos del hospital, porque seguían haciendo lo mejor que sabían.

Jueves 13 de febrero

Tuve una sesión con Malén. Me explicó que la cortisona retiene líquidos, pero el bicarbonato ayuda a eliminarlos. Si el pH de Carlos es 7, es muy alcalino, lo cual es excelente, y no sería necesario continuar con el bicarbonato, excepto tal vez como mantenimiento, como limpiarse los dientes con él o disolver una cucharadita en un litro de agua y beberlo.

Me sorprendió ver cómo el cuerpo de Carlos respondía tan bien a los tratamientos, especialmente comparado con los días difíciles que había pasado. Insisto en que estamos en un proceso que apunta a una curación definitiva.

Malén me dijo que las señales que recibimos de otras personas son una respuesta a mis meditaciones, aunque no siempre sea consciente de ellas. Me sugirió que, si el homeópata ya no estaba funcionando, quizás era el momento de explorar un nuevo camino, como el tratamiento con este doctor «antisistema». Habló de un tal Mazzuka, cuyas terapias con ozono han ayudado a muchas personas, aunque no a todas. Me comentó que oxigenar las células es similar a alcalinizarlas, y que, al final, el objetivo es el mismo y tiene sentido.

Me contó un chiste sobre un hombre que, muriéndose, le pidió ayuda a Dios. A pesar de que amigos y familiares le ofrecieron diferentes tratamientos, él no hizo nada. Cuando se encontró con Dios, le preguntó por qué no lo había ayudado, y Dios le respondió: «Te he enviado a personas para curarte, pero no me hiciste caso». Agradecí mucho sus palabras.

Luego tuve una sesión con Audrey. Me explicó que la pituitaria, una glándula pequeña que afecta a las demás glándulas endocrinas, estaba siendo muy afectada por la inflamación cerebral de Carlos, según el SCIO. Es algo constante en las sesiones. Todo indica que la masa cerebral de Carlos podría estar siendo impactada por la radiación recibida, pero, sorprendentemente, no apareció ningún indicador de la enfermedad. El SCIO trabajó intensamente en el cerebro y sus funciones, y me pidió que, si había alguna novedad, les informara para evaluar si era necesario realizar otra sesión este fin de semana.

Agradecí mucho a Audrey por su apoyo.

Viernes 14 de febrero

Hoy ha sido un día fantástico. Carlos no ha tenido dolor de cabeza en todo el día, y hasta quiso jugar un poco a tenis. ¡Un gran avance! Ya forma frases de más de dos palabras, lo cual es una gran mejora. La lectura sigue siendo difícil, aún tiene problemas para identificar algunas letras y números, pero cada paso es significativo.

Llamamos a Val para que le transmita a Audrey los resultados favorables después de dos horas de trabajo con el SCIO. Además, sus tíos, Vicky y Toni, le regalaron un álbum de cromos de fútbol, lo que ayudará a activar más funciones de su cerebro.

Estoy tan orgulloso de mi niño. ¡Bravo, Carlos! Con calma, poco a poco, está encontrando sus mandos.

Lunes 17 de febrero

Esta madrugada, mientras meditaba, vi una puerta que se entreabría, una puerta tipo persiana mallorquina, como un símbolo de apertura.

Hoy teníamos la cita con el nuevo médico «antisistema». Nos acompañó Malén, que traía buenas referencias de su discípula, Pilar, quien conocía al doctor Marcos Mazzuka por tratar a su hijo. Él es un médico especialista en pediatría, italiano, hijo de médico, que estudió en la prestigiosa universidad La Sapienza en Roma. Junto con su hermana Rosella, también médica, dirige un centro de salud privado llamado Life + en Costa d'en Blanes, Calviá, Mallorca.

Marcos fue sencillo y transparente en su explicación, usando dibujos para ilustrar cómo los factores externos y el desequilibrio en el cuerpo pueden alterar las células. Estos factores incluyen:

1. Estrés oxidativo

2. Desequilibrio en la flora intestinal

3. Desequilibrio en el sistema inmunológico

4. Desequilibrio hormonal

5. Desequilibrio psíquico/emocional

También nos habló de cómo los agentes externos, como las ondas electromagnéticas o productos tóxicos, pueden afectar el cuerpo. Utilizó un método curioso, escribiendo al revés para que pudiéramos entenderlo claramente desde el otro lado de la mesa, y Carlos miraba atento esos dibujos. Fue necesario usar más de seis cuartillas para plasmar toda la información que compartió durante casi dos horas, explicando los pasos a seguir para equilibrar el cuerpo de Carlos.

Lo primero es identificar los excesos y deficiencias del cuerpo. Para ello, sugirió realizar analíticas específicas, como el mineralograma del cabello, para detectar metales pesados, y la analítica de metabolitos orgánicos urinarios, que costaría alrededor de 310 €. Además, serían necesarias más pruebas de seguimiento para ajustar el tratamiento conforme avanzamos.

Ozonoterapia. El tratamiento principal sería la ozonoterapia, que consistiría en introducir ozono por vía rectal en 16 sesiones, con un coste aproximado de 2.500 €. El ozono tiene efectos antiinflamatorios, antivirales y antibacterianos, además de ser oncocida, lo que podría ser beneficioso para Carlos, ya que mata células cancerosas. Es un tratamiento sin efectos secundarios graves, aunque podría causar somnolencia o una reacción cutánea temporal.

El ozono actúa como radical libre, activando células sanas y generando necrosis en las células cancerosas. Un dato interesante es que, al consumir solo azúcar, las células cancerosas crean un entorno ácido que las protege, lo que dificulta que el sistema inmune las ataque. Los radicales libres, como el ozono, son la única forma de combatirlas.

Gc-MAF. Otra de las acciones sería el uso de Gc-MAF, que son inyecciones subcutáneas. Un vial de 2,2 ml costaría 600 €, más 60 € de gastos de envío desde Inglaterra. Este tratamiento estimula los macrófagos, células del sistema inmune que ayudan a eliminar las células malas. El Gc-MAF se ve inhibido por la enzima nagalasa, que libera los virus y las células malignas, impidiendo que el sistema inmune actúe correctamente.

Nutrición. El doctor también subrayó la importancia de trabajar con un nutricionista para ajustar la dieta de Carlos. Nos proporcionó una lista de alimentos que debe evitar, como el tomate y la naranja, que Carlos siempre había rechazado. También nos recomendó incluir pimienta larga, que tiene propiedades oncocidas, y pimienta negra, que es anticonvulsiva. Además, sugirió la Bacopa Monnieri, un complemento que estimula la memoria y también es anticonvulsivante.

El doctor también mencionó el gluten como uno de los mayores enemigos del cuerpo a largo plazo. En su opinión, los niños celíacos que evitan el gluten serán los más sanos en su vejez. Nos recomendó evitar los productos envasados, que contienen toxinas, conservantes y aditivos.

Visión global. Marcos destacó la importancia de dos factores esenciales para tratar la enfermedad de manera global: la bioquímica, que es el aspecto que él aborda con tratamientos como la ozonoterapia y el Gc-MAF, y la bioenergía, que abarca prácticas como el Reiki, las visualizaciones y la diafreoterapia, y que ya está cubierta con lo que hemos estado haciendo hasta ahora.

Nos sentimos satisfechos de que, por fin, un médico aceptara que el cuerpo está ligado a un sistema más allá de lo físico. Salimos de su consulta con dos medicamentos homeopáticos, que costaron 150 €, y confirmamos que la consulta había sido gratuita.

De alguna manera, sentí que esta nueva perspectiva estaba alineada con todo lo que habíamos trabajado, tanto en el plano físico como espiritual.

Domingo 23 de febrero

Hoy comienza un nuevo ahora. Hoy nos hemos sentado a hablar, a exponer nuestras opiniones y deseos como pareja, a compartir nuestras inquietudes y a centrarnos en el bienestar de Carlos. A partir de hoy, no más discusiones delante de él, no más comentarios ofensivos ni enfados silenciosos. Queremos más equilibrio en nuestras tareas cotidianas y, sobre todo, más tiempo compartido. También hemos decidido buscar la ayuda de un psicólogo de parejas, para seguir creciendo juntos.

Me defiendo de la necesidad de hacer todo lo posible por el bienestar de mi hijo. Todo lo que estamos haciendo, todo es poco en comparación con el amor y la dedicación que le quiero brindar. Y aunque este diario, en ocasiones, pueda parecer confuso o mal interpretado, con información incompleta o ideas que no todos compartan, es mi manera de procesar lo que está pasando. Soy consciente de que me he equivocado muchas veces, pero cada vez me doy cuenta más rápido y aprendo de mis errores.

La información que comparto, ya sea de médicos, terapias o reflexiones personales, la filtro a través de las personas de confianza en mi vida. Son personas que me apoyan y están conmigo en este proceso. Como Malén, que es como una segunda madre para mí, siempre con los pies en la tierra, ayudándome a mantener el equilibrio y la serenidad tanto mental como física.

Pido perdón por mis momentos de irresponsabilidad. Lo siento, y me esfuerzo por ser más consciente de mis actos. La vida es un privilegio, desde el momento en que llegamos al mundo hasta el hecho de poder vivirla. Somos afortunados por estar aquí, por aprender, por ser humanos, y por todo lo que podemos hacer con nuestras vidas. Cada uno de nosotros tiene el poder de hacer su camino diferente y único.

Carlos está creciendo a una velocidad asombrosa, no solo físicamente, sino también en sabiduría. Todos estamos aprendiendo de él, y cada día, a su lado, nos hace crecer. Es un verdadero privilegio tenerlo con nosotros.

Martes 25 de febrero

Acepto la vida tal como viene, sin resistencia, agradeciendo cada experiencia que se me presenta, ya que es a través de estas vivencias que mi alma experimenta y evoluciona. En los últimos tiempos, me he dado cuenta de que cuando mueves los hilos del Universo, éste responde de manera sorprendente. Estoy agradecido por las puertas que se abren y por aquellas que se cierran, porque cada cambio trae consigo una nueva oportunidad.

A veces, esas respuestas a mis peticiones no llegan de la manera que esperaba, pero siempre llegan. En mis conversaciones con lo de arriba, algunas veces recibo las respuestas a través de las personas que aparecen en nuestro camino, con el único propósito de ayudar a Carlos. La vida nos sorprende con la forma en que nos guía, y lo veo claramente ahora.

Hace unos días, creo que es la tercera vez que hablo sobre el aceite de cannabis con mi amiga Nina. No mucho tiempo atrás, su hijo le comentó que el aceite de cannabis podía ser beneficioso para Carlos. Y hoy, una amiga de Elena, que trabaja en una cadena de radio francesa, se acercó a ella con una inquietud. Esta amiga le preguntó si conocía a alguien cercano que estuviera pasando por dificultades. Al instante, Elena pensó en Carlos, y nuestra amiga, con mucha determinación, preparó un frasco de aceite de cannabis. Se lo entregó junto con un informe sobre cómo la marihuana ha sido utilizada para tratar el cáncer.

Pienso que el cannabis es una planta natural, que crece de manera abundante, sin que nadie pueda reclamarla como propiedad. Es asequible y, si realmente ayuda, ¿por qué no abrazarlo? He escuchado durante un tiempo que el consumo de cannabis alivia los efectos secundarios de la quimioterapia, y si esto es cierto, debemos difundirlo sin temor, como el viento que recorre la Tierra.

Es curioso cómo muchas plantas curativas, que podrían ser accesibles a todos, están prohibidas por los gobiernos. La marihuana es una de ellas. Tal vez haya algo detrás de esto, quizás el miedo a que una planta de bajo costo, disponible para cualquiera, ponga en peligro un sistema económico que depende de la industria farmacéutica.

Gracias, amiga, por tu generosidad y por ofrecer esa ayuda. Gracias por recordarnos que, a veces, las respuestas están en lo simple y natural, esperando a ser descubiertas.

Jueves 27 de febrero

Es un momento revelador, el estar por primera vez ante un doctor que habla abiertamente sobre el uso de la marihuana como tratamiento. El hecho de que, tras todo lo vivido, las piezas se sigan encajando de esta manera, me confirma que realmente estamos en el camino correcto, guiados por señales que nos llegan de formas inusuales, pero con propósito claro. De alguna forma, el destino nos ha llevado hasta este médico para hablar de cannabis, y parece que esa conexión tiene un sentido profundo.

El doctor se muestra cauteloso con la fórmula del aceite de cannabis, en particular con el alcohol etílico, que es uno de los ingredientes presentes. A pesar de que la cantidad es mínima, el alcohol podría, en algunas ocasiones, provocar pequeñas crisis metabólicas en el hígado. Aunque esta preocupación es válida, creo que es importante consultar con más profesionales, como mencionas, para ver si es adecuado administrarlo junto con el tratamiento de GC-MAF.

Hoy, Carlos ha comenzado con una dosis mínima de GC-MAF, 0,15 ml, inyectado subcutáneamente. El tratamiento avanza de manera gradual, y la próxima dosis se administrará en siete días. Como con cualquier tratamiento, hay riesgos de efectos adversos, como fiebre, dolor de cabeza o somnolencia. No obstante, estos efectos no son inevitables y no necesariamente se manifestarán en Carlos.

El hecho de que todo esté ocurriendo tan suavemente y que el tratamiento se haya comenzado con precaución y seguimiento me da esperanza. Lo importante ahora es continuar observando los cambios y progresos de Carlos, siempre buscando el equilibrio entre lo natural y lo médico, confiando en que cada decisión está hecha con amor y cuidado. Estoy seguro de que este camino, aunque desafiante, será el adecuado para él.

Sábado 2 de marzo

Hoy fui solo a una constelación familiar, dirigida por una psicóloga conocida por su enfoque directo y claro. Mi corazón latía rápido debido al retraso y a la distancia del lugar de encuentro. Al llegar, me sentí nervioso al ver a un grupo de mujeres que no conocía, que estaban en un curso con la psicóloga. Mi amiga Nina me dio el apoyo que necesitaba para no huir.

La psicóloga me preguntó rápidamente por qué estaba allí y qué quería saber. Al principio, me costó encontrar las palabras, pero poco a poco comencé a hablar sobre los últimos 30 meses de mi vida. Ella me hizo mirar al suelo, donde vio que miraba la muerte. Me pidió cerrar los ojos, y aunque mi corazón estaba acelerado, poco a poco empecé a calmarme.

La psicóloga me enseñó algo profundo: la enfermedad de Carlos no debe ser vista como una carga, sino como un proceso de aprendizaje para el alma. Al luchar contra la enfermedad, no aceptaba lo que estaba pasando y me perdía en la lucha en lugar de ver a mi hijo tal como es. Necesitaba ver a Carlos, no su enfermedad.

Al abrir los ojos, vi a una persona representando a Carlos, llorando. La psicóloga me preguntó por qué lloraba, y entendí que era por el enfado que sentía. Luego, vi otra persona representando a la madre de Carlos, y los dos se abrazaron. Fue claro para mí que, aunque yo pensaba que era yo quien lo cuidaba, la constelación me mostró que, en el fondo, no estaba presente de la manera que debía estar.

La psicóloga me dijo que el amor incondicional de una madre está presente siempre, incluso cuando no lo reconocemos. Me hizo reflexionar sobre cómo, a pesar de estar físicamente con Carlos, no siempre estaba realmente conectado con él de corazón. La sesión duró unas dos horas, y al final, salí sin pagar, ya que la psicóloga me nos invitó. Ella ya sabía mucho de nuestra historia, pero aún no había llegado el momento de comprender todo lo que ocurrió.

No sé aún qué pensar sobre todo esto, pero tomaré lo que resuene conmigo. Recuerdo lo que me dijo Malén: las constelaciones familiares son muy dependientes de la persona que las dirige, y sus creencias pueden influir mucho en lo que recibimos de ellas.

Martes 25 de marzo

Ayer, Carlos tuvo una crisis momentánea, pero no la dejó considerar como tal. Eran las 9:30 de la noche cuando saltó del sofá, agitando su mano izquierda y diciendo que estaba perdiendo el control. Pocos minutos después, su habla se volvió pastosa y reconoció lo que le estaba pasando. Luego, su equilibrio falló. Cuando le pregunté, dijo que no era necesario ir al hospital aún. Media hora después, se acostó, su habla volvió a la normalidad y durmió toda la noche tranquilamente. Al día siguiente, se levantó renovado, como si nada hubiera sucedido.

Hoy hicimos el primer enema de café. Carlos aguantó valientemente durante quince minutos un litro de agua con tres cucharadas de café colado. Este tiempo es suficiente para que la sangre pase por el hígado tres veces, limpiando toxinas. Después, tuvo dos deposiciones, seguramente eliminando esas toxinas junto con el torrente de líquido introducido.

Domingo 30 de marzo

Hoy conocimos a Elena en persona, quien desde Perú estuvo presente en la operación de Carlos, ayudando a que todo fluyera en armonía, como si estuviera en el quirófano, incluso sabiendo detalles como el número de personas presentes y si hubo o no sangrado. Desde ese momento, Elena no dejó de trabajar con Carlos a distancia. En aquel entonces, no entendía ni aceptaba completamente este tipo de experiencias, pero hoy, gracias a la apertura que me ha dado mi hijo y a las personas que me han ayudado, ya no pienso lo mismo.

Elena, a sus 62 años, es una mujer que ha aprendido a vivir con cáncer. Nadie podía adivinar su edad, ya que aparenta ser mucho más joven. Su piel está marcada por la altitud de su ciudad, Cuzco, y el hábito de masticar hojas de coca. Hoy, realizó varias sanaciones con Carlos, usando pirámides. Ella notaba que el «Yo Superior» de Carlos la reconocía, y él estaba muy receptivo, aceptando su energía sin resistencia.

Elena me confirmó algo muy profundo: Carlos estuvo en la frontera entre la vida y la muerte, con un pie aquí y otro fuera, tomando una decisión crucial sobre su vida, quizás un pacto. Si algún día decide irse, será por su propia decisión. Durante el día, estuvimos en casa de nuestro amigo Toni, donde Elena, con un gesto simple, utilizó servilletas de papel para trabajar con la energía de Carlos. Una servilleta absorbió las energías negativas y la otra, impregnada de lo bueno de él, dejó un aroma a flores.

Cuando Elena me habló del nombre Patufet, el Yo Interior de Carlos, me impresionó. Este nombre de siete letras, que Carlos había tomado de un libro, tenía un profundo significado espiritual. Cada letra representaba algo, como la «P» de papá, y la palabra misma reflejaba el camino de Carlos en la vida, con la «T» final marcando la frontera hacia la luz. Elena me explicó que, mientras Carlos esté feliz y recibiendo amor, su deseo será continuar su camino entre nosotros.

Elena también me dio un consejo importante: debes debo empezar a quererte a ti mismo, como me dijo alguna vez mi hijo. Dedicarme tiempo y atención, para que, al sentirme mejor, pueda irradiar esa energía positiva hacia los demás, especialmente hacia Carlos.

Durante la sesión, Elena empezó a mover su dedo índice alrededor de una copa de cristal con agua, diciéndome que le hablaban a través del cristal. Vimos la presencia de una mujer protectora que habitaba la casa, y luego, algo aún más impactante, la presencia de mi padre. Elena pudo ver su rostro en la copa y hablar de cada uno de los hermanos, expresando su arrepentimiento por no haber sido el padre que esperaba ser. Me contó cómo mi padre se sentía decepcionado por la ausencia de mi madre en el cementerio al sellar su nicho.

Al final de la sesión, Elena me ofreció beber el agua de la copa. Estaba dulce, como un regalo, y nos dijo que mi padre no quería que vendiera nada y que quería que activáramos el negocio familiar que había dejado mi abuelo. Y que su deseo era que tenía una barca la cual remar. Me instó a no dejar que nadie más lo manejara, a ser yo quien tomara las riendas, incluso si eso significaba un camino difícil al principio. También me preguntó si alguna vez había pensado en separarme, ya que mi padre deseaba que permaneciera unido con mi esposa, para que Carlos no sufriera por ver a sus padres separados.

Al final, Elena también revisó la lista de medicamentos de Carlos, captando su energía, y sugirió que la melena de león debería descansar un día a la semana. Sobre los enemas de café, Elena opinó que son muy beneficiosos, aunque me aconsejó no decírselo al homeópata de Carlos, ya que no es partidario de ellos.

Martes 1 de abril

El día de hoy, en la sesión con Malén, le cuento lo sucedido últimamente y sobre los deseos de mi padre. Malén me dice que, al morir, seguimos aferrados al mundo material por un tiempo, pero también veo que es una oportunidad para enfocarme en nuevas experiencias. Ella menciona que poner mi atención en cosas diferentes, como pensar en mi hijo sano en lugar de verlo enfermo, puede ser una vía para algo nuevo. La idea de montar un bar con tapas ecológicas, zumos de verduras y tés me parece buena. Incluso podría poner algunos instrumentos para que la gente toque, lo cual me entusiasma mucho. ¡Sería una clienta fiel!

Mientras estoy en casa de Malén, Nina me llama para darme el pésame y recordarme que en un par de días llega Cherie de EE. UU. y la cita que Carlos tiene con ella. Las cosas llegan cuando deben llegar. Aprovecho para contarle lo que ha pasado, y me dice que el hijo de ella hace unos zumos deliciosos. Aunque a veces sugiere ponerle marihuana, nosotros nos negamos. El hijo podría ser un buen barman y podría enseñarme sus recetas. Mi hijastra podría diseñar el local, ya que le encanta la moda, y Malén me ofrece ayudarme con la inversión. Me habría encantado conocer a Elena, la chamana de Perú.

Poco después, siento que estamos en una estación de tren. Aquí, veo que Carlos está bien, lleno de energía, ha adelgazado, pero sin perder peso, y ahora pesa 28,5 kg. Finalmente, siento que puedo relajarme y dejar de preocuparme. He decidido hacer una pausa en el camino y empezar a caminar. Es lo que necesito, algo diferente. Mi padre me lo ha mostrado de manera clara, y ahora lo entiendo mejor. ¡Carlos está curado!

Ahora, al pensar en abrir el bar, la idea de no tener que pagar alquiler al principio me ayuda mucho. Solo necesito saber con qué dinero puedo contar para emprender. Mi padre siempre fue directo y ahora lo veo de forma más clara. Siento que esto es una ayuda enorme, una oportunidad para comenzar una nueva vida enfocada en el trabajo y en generar abundancia, aunque parece injusto. Pero es lo que hay, y lo aceptaré.

Miércoles 9 de abril

Después de casi tres años, por fin conocimos a Cherie en persona, quien llegó desde EE. UU., invitada por Nina para pasar unos días en Mallorca. No sé si tendrá tiempo de hacer turismo, ya que tiene programada una consulta privada para quienes la solicitaron. Cherie fue quien canalizó dos «entidades» para curar a Carlos y protegerlo de un hongo que surgió después de la operación en Son Espases. También ayudó a una niña perdida en el box de Carlos, que había decidido morir debido a los malos tratos de sus cuidadores, guiándola hacia la Luz.

Pasamos dos horas con ella, Nina se encargó de traducir sus palabras. Entre juegos, meditaciones y limpiezas energéticas, Cherie habló de la cuarta y quinta dimensión, dimensiones adictivas, llenas de dolor y sufrimiento. Son lugares donde las personas no pueden regresar una vez que entran, alimentadas por el mal, la ira, la venganza, y otras emociones negativas. Lo que hay que hacer es escapar y regresar rápidamente, apartándose de esa dimensión para empezar de nuevo.

El trabajo que Cherie hizo con Carlos fue asombroso. Lo tumbó sobre una camilla, como en una sesión de Reiki, y con las manos extendidas a distancia, las colocaba en diferentes partes de su cabeza. Sus dedos le indicaban dónde ponerlas, y, como si fueran hilos, extraía las energías discordantes, depositándolas en el enchufe que había detrás de ella, como si fuera un aspirador de energías negativas. Al ver aquellos hilos, algunos tan largos como dos o tres palmos míos, sentí cómo chirriaban silenciosamente al salir de la cabeza de Carlos.

Cherie también confirmó que hemos llegado a una nueva estación en la que podemos disfrutar de la vida. Carlos tiene 9 años, y el número nueve representa cambios. Al sentarnos en una esquina del estudio de Nina, me preguntó por mi cuello. Le comenté que era por haber trabajado en el huerto el fin de semana, pero aun así, puso sus manos en mi nuca. Hoy, no siento ninguna molestia. Me pregunto, ¿cómo es posible eso?

Viernes 11 de abril

Es momento de cerrar este diario, ya que Carlos estará con nosotros por más tiempo. Cuando él decida hacer su maleta, nos sentiremos felices y le agradeceremos todo lo que nos ha enseñado con su forma de vivir, su conexión con Dios, su comunicación con su «yo», y cómo, incluso en los momentos más difíciles, siempre mantenía esa sonrisa. Su alma es eterna, como la de todos nosotros. Se reunirá con su familia en el más allá, donde todo es Luz Divina, en nuestra casa.

La muerte, si llegara a ser el caso, no justificaría el final de este libro. Este diario se ha escrito para no tener fin, ya que es solo un reflejo de un pequeño capítulo en las vidas de Carlos. Hoy, a las 15:30, tuvo otra crisis neurolingüística. Sin darle mayor importancia, se acostó a hacer la siesta como cualquier otro día y despertó como una rosa. Será necesario aceptar estas crisis como parte del proceso y aprender a vivir con ellas.

Lunes 14 de abril

Lo que no consigue Carlos no lo consigue nadie. Es la envidia sana de todos. Hace meses, nuestro propósito era nadar entre delfines, al ser éstos muy especiales, incluso haber una terapia llamada delfinoterapia. La idea partió de nuestro amigo Juan María. Íbamos diciendo a uno y a otro si conocían a alguien del parque acuático de Marineland de Palma de Mallorca.

Rosa, la enfermera favorita de Carlos, puso tal empeño que, gracias a ella y al equipo médico del Hospital Son Espases, pudieron redactar un informe para presentar como condición para poder acceder a tal propósito.

Sin embargo, lo que hizo Carlos no tiene precio y no solo los tocó a Blue y a Sasha (dos enormes delfines) si no que nadó, dio saltos, les besó, los abrazó, les dio de comer.

Agradecer al entrenador José Luis con veinte años de experiencia, por su dedicación y su atención para con Carlos que en todo momento se encontraba pendiente.

Viernes 20 de junio

Quiero terminar este diario compartiendo una reflexión importante. Al revisar lo escrito sobre las crisis que Carlos ha tenido durante el último año, me he dado cuenta de que hay un «reloj», una «respiración» y un «universo» que se expande y se contrae detrás de todo esto. Los médicos insisten en que no tienen más herramientas que ofrecer, y parece que estas no sirven en el caso de Carlos (aunque algunos dirían que no sirven para nadie). Sus ojos son limitados, ven cosas, pero no pueden asegurarlas, y en definitiva, aún tienen mucho que aprender no solo sobre la patología, sino también sobre la inteligencia del cuerpo humano.

Les agradezco por haber dejado de darle más tratamientos, fue una decisión acertada de su parte. El homeópata sugirió que las crisis de Carlos podrían estar relacionadas con la medicación previa, como la quimioterapia, radiación y otros tóxicos. Gracias a él, en febrero de 2014, como mencioné antes, decidió no tratar más a Carlos, invitándonos a ver un final desde un plano espiritual.

Doy las gracias porque no nos quedamos de brazos cruzados y accedimos a un campo de alimentación sana, algo que ya pedía a gritos desde hace tiempo, sin apartarnos de la espiritualidad que tanto me ha ayudado a entender lo real y verdadero de la vida. Gracias al Dr. Hamer, tenemos una nueva perspectiva, que nos permite desviar nuestros pensamientos hacia un proceso de curación total. Este proceso, aunque conlleva episodios, muestra cómo el cuerpo actúa de manera inteligente para eliminar o neutralizar lo extraño dentro de él, como el tumor craneal y la médula, pasando por inflamaciones, parálisis zonal e infecciones, incluso creando bacterias para destruir lo ajeno.

Un dato interesante es que, durante su último ingreso el 12 de junio de 2014 por una crisis, fue la mano izquierda la que resultó afectada, lo que nos hace pensar que el cerebro está reparando «otras partes». La máquina SCIO, con más de ochenta sesiones realizadas, confirma la mejora en la clínica de Carlos: su rostro, su piel, su sonrisa, su fuerza. Según los índices numéricos, «solo» hay un problema, la glándula pituitaria. No existe medicación específica para equilibrar esta glándula, solo la alimentación y la suplementación, como nos indicó la nutricionista, podrán restaurar el equilibrio.

Otro dato importante son las analíticas de sangre, que cada vez se acercan más a los niveles normales. Antes había más de 14 componentes fuera del rango normal, pero ahora se han reducido a menos de la mitad.

Al revisar el historial de las crisis de Carlos, me encuentro con un patrón de eventos que parecen estar programados, parte de la misma naturaleza del cuerpo humano. El 11 de junio de 2011, el día 0, es cuando el cuerpo empezó a curar. La cirugía removió y provocó metástasis, incluso en la médula ósea. Aproximadamente dos años después, en mayo de 2013, Carlos tuvo su primera crisis, justo después de su fiesta de cumpleaños. No fue necesario hospitalizarlo, fue solo una crisis pasajera. Un mes después, en junio, ingresó en la unidad de cuidados intensivos. Al cuarto día de inconsciencia, que se repetiría más tarde, hubo un cambio significativo en su recuperación, y después de 12 días, volvimos a casa.

Las crisis continuaron, siempre con un patrón. A pesar de que no requerían ingreso hospitalario, eran preocupantes por el dolor que Carlos experimentaba y el descontrol de su cuerpo. En septiembre, tres meses después de la primera crisis, volvió a ingresar al hospital. Esta vez, pasaron 11 días antes de que pudiéramos regresar a casa, un día menos que la vez anterior. En octubre, Carlos empezó a ganar peso, superando los 25 kg, algo increíble. Los médicos nos amenazaron con ponerle una sonda gástrica si no aumentaba de peso, alimentándolo con leche no muy sana, pero nada de eso funcionó. Un mes después, alcanzó los 28 kg, ¡el cuerpo estaba recuperando peso por sí solo!

No fue hasta el 24 de diciembre que tuvo otra crisis. Fuimos a urgencias y, al ser explorado, los síntomas ya habían desaparecido, por lo que nos dieron el alta el mismo día. El 2 de febrero ingresó de nuevo, pero después de cuatro días, Carlos sonrió y pasaron solo 10 días más para que nos dieran el alta hospitalaria. A cada ingreso, los días de estancia en el hospital se reducían.

Las crisis siguieron, y en el 12 de junio de este año, como un reloj, se presentó otra crisis neurolingüística. En el hospital, me sorprendió que solo trataran la inflamación y la fiebre. Los médicos sabían que la fiebre es un proceso interno, y aunque le daban antitérmicos para bajarla, no deberían haberlo hecho. El cuerpo mismo la provoca, solo debían controlar que no superara los 40°. Al cuarto día, estábamos en casa.

Este es el resumen de todo lo vivido, un testimonio de la lucha de Carlos, de su cuerpo que responde y se cura de manera asombrosa. Un viaje lleno de desafíos, pero también de luz, esperanza y comprensión.

Año 2025

14 AÑOS DESPUÉS

Carlos, contra todo pronóstico alopático y homeopático, sigue danzando en esta, nuestra vida.

El 26 de abril de 2025 completa su tercer ciclo vital, 21 primaveras.

Si sumamos los dígitos de la fecha de aniversario: 2+6+4+2+2+5=21.

Carlos vive en el número 21 con su madre.

Carlos vive en el número 21 con su padre.

Puede ser un cambio muy significativo. Es mi propósito, es mi proyecto.

Recordemos que su yo «Patufet» tiene 7 letras.

Carlos vive en su mundo donde todo es juego y felicidad. Su sonrisa sigue proyectando un cuerpo sano. No obstante, las crisis persisten, dándonos treguas de descanso. Estas crisis de ahora duran escasos segundos. Desde 2013, un año después del desahucio, aparecieron esas crisis que, como en el universo se alinean los planetas, van y vienen cada cierto tiempo, como si de un reloj se tratara.

Su peso es de 39 kg.

El 4 de octubre de 2014, cuatro meses después de poner fin al libro, inauguré el VA DE BO BIO BAR, gracias al mensaje póstumo de mi padre, que me transmitió Elena, la chamana de Perú, que esos días se encontraba en Mallorca. Su deseo era que tenía una barca que remar, y así lo hice.

VA DE BO es una expresión que significa: «esta es la buena», «esta vez va en serio». Relacionado con la alimentación, comemos cualquier cosa sin importarnos lo que nos metemos en el cuerpo.

Es un local que dice mucho de Carlos. Todo es él. Es un pequeño museo de sus dibujos, figuras de cerámica, barcos, cartas marinas, juguetes de hojalata y muchas cosas más.

La transformación del VA DE BO iba a la par de mi transformación personal. De un bar normal y corriente pasó a ser musical y luego a restaurante vegano ecológico, donde se ofrece, como postre del alma, piezas a piano que de alguna manera recibía como «regalitos». Canciones con títulos significativos como: «Naturaleza deseada», «Sed de Vida», «11», «Caprichos del Alma», «L'art de Viure», «Experiencias. Vibrando por soleares» (https://youtu.be/VPyPfIuDQtA), «Sutil», «Todo está en mí», entre otras canciones.

La magia y el campo magnético que proyecta el VA DE BO hacen que entren personas singulares que me traen sabiduría e información de Carlos. La frase «algo me llamaba la atención» era denominador común. Tan singulares eran las personas como la información que recibía y las peculiares anécdotas que viví, que me puse a escribir sobre ellas.

Laura

Laura, por ejemplo, vino de Galicia a visitar a su amiga. Alquiló un coche en el aeropuerto. Después de desayunar en un bar, se puso a caminar y entró en el VA DE BO preguntando por el cuartel de la policía local porque no recordaba dónde había aparcado su coche. En ese momento se encontraba Pilar, una clienta amiga, y se ofreció a acompañarla a encontrar el coche. Tardaron una hora en hallarlo. Por el camino, le explicó que tenía cáncer y que, gracias a su alimentación y a tratamientos alternativos, no se le había caído el pelo.

Estando los tres en el bar, entró una pareja con un ticket de aparcamiento diciendo que no sabían dónde habían dejado el coche. Nos pusimos a reír solo nosotros tres.

Laura vino desde Galicia para darme una palmadita en la espalda en señal de que todo va bien, y así lo percibo. En verdad, hay cosas que, para uno, pueden significar algo, mientras que, para otro, viendo lo mismo, no le dicen nada.

Norma

En el caso de Norma, doctora, cirujana, actriz de teatro, profesora de tango, sublime, nonagenaria con una mente privilegiada, poeta sin descanso y acaparadora de los oídos que se atreven a escucharla, estruja las palabras y las adorna con musicalidad y elegancia. Es capaz de versar rimas de poesía en un escenario improvisado dirigido al que escucha, con un zapateado final en prueba de su arte, que transpira de la que dice oír los silencios. Y seguiría con más elogios, pero a veces las palabras se quedan cortas.

Su hijo, Germán, murió a los diecisiete años de edad en un accidente de tráfico. Fue atropellado por un coche. Norma pasó años maldiciendo a aquel conductor que un día salió de su casa para matar a su hijo, hasta que un día entendió las extrañezas de la vida.

Un chaval especial. Una vez contestó de una manera primordial, esencial, inverosímil, asombrosa e inteligentemente a la pregunta: ¿de qué manera acabarías con las guerras? Y dijo: «con la palabra».

Un día me dijo: «Entrará una mariposa en tu bar para ayudarte a ti y a tu hijo. Será Germán en forma de mariposa».

Era una noche fría de invierno, allá por el mes de noviembre de 2015, cuando alguien abrió la puerta del bar y una clienta, sentada en un taburete en la barra, gritó: «¡¡¡UNA MARIPOSA!!!».

Se me erizaron los pelos al oír la palabra. Enseguida me vino a la mente Norma. No hacía falta correr, vino a morir al bar. La puse en una cestita de mimbre.

Cuando Norma volvió, le conté lo que ella vaticinó.

—¿La puedo ver? —me preguntó.

Sus lágrimas tímidas estaban ahí, disimuladas por sus elogios a su hijo Germán, gratificándole por haber sido buen chico en acudir donde ella le indicó.

Ninke & Jan

Una pareja de extranjeros cruza el umbral del bar. Ese día, de alguna manera, celebraban el aniversario de su hermano pequeño, de ocho años, que falleció de cáncer. La emoción crecía cada vez más. Con serenidad, como si hubiésemos aprendido que la vida es eso: lo que nos da la vida, el tiempo que estamos aquí, en la Tierra, y que en algunos es muy corto.

El momento álgido fue cuando me puse al piano. La última canción fue «Caprichos del Alma».

Cada sensación es nueva para mí cuando percibo que escuchan, y Ninke escuchaba recordando a su hermano. Una lágrima solitaria, que no podía contener, desbordaba por su pestaña, y su compañero, Jan, en un gesto de compasión, la ahuyentaba para no dañar la belleza de aquella mujer que no entendía cómo un niño, y más aún su hermano, Arjan, podía haberse ido de su lado para verlo solo en el recuerdo de una fotografía.

—Te vamos a comprar un cuadro de Carlos —dijo Ninke—. Quiero el cuadro del Capitán América porque lleva la «A» de Arjan y era fan, pero el cuadro se va a quedar en la casa de tu hijo Carlos.

¡Dios! Se me ponen los pelos de punta cada vez que cuento la historia del Capitán América.

Alba & Lucía

Me asomo para observarlas y habían cogido el libro que tengo expuesto en la barra del bar. Muchos no lo ven, pero ellas lo examinaron un buen rato. Al llevarles los entrantes, les dije que el principio del libro no era muy agradable, y ellas confesaron que eran médicas y que el libro les despertaba un gran interés.

Médic@s con mentes abiertas a un proceso de curación holístico, donde cabe cualquier cosa por el bien del paciente. No tan solo prescribir medicación, sino aportar cualquier información posible en beneficio de la salud.

La madre de Lucía, psiquiatra, recomienda los cuentos de Jorge Bucay para enfocar una esperanza de luz entre la oscuridad que a veces nos invade con la enfermedad, que no es más que un aprendizaje en esta vida, algo en lo que hay que prestar atención. Me contó el cuento del elefante y su estaca clavada en el suelo, que utiliza para sus pacientes. Cuentos como el de la hoja del árbol que nunca se cayó, y una niña confió su curación en esa hoja: aunque solo quedara una en el árbol, ella tampoco moriría. Años más tarde, vio que la hoja estaba pegada a la rama del árbol.

Un paciente de su madre, con una enfermedad terminal y unos pocos meses de vida, se despidió de ella porque marchaba a su país. Al cabo de un año, el marroquí volvió y fue a visitar a la madre de Lucía. Ella estalló de alegría al verlo vivo y le preguntó cómo había hecho para seguir con vida. Él le plantó en la mesa de la consulta tres saquitos: uno de cúrcuma, otro de jengibre y otro de canela.

Jaxx's

Una mujer en el Va De Bo pide para cenar. Mientras preparo la cena, veo que «juega» con unas cartas parecidas al Tarot con dibujos de sirenas. Al llevarle la comida, le hago un trato: tú me echas las cartas y yo toco el piano para ti.

Encantada de encontrarse en un lugar diferente y de tener la ocasión de escuchar piano en vivo, hace que se sienta más entusiasta. Pide canciones propias y, por los títulos de las canciones, indaga por su finalidad.

Entonces, me cuenta que vive en Ibiza y es terapeuta (yoga para niños, terapias con caballos, cocinando con amor, etc.). Su web: https://ray-of-jophiel.webador.com

Bien, pues recibe un mensaje de Mei en su portal de internet. Vive en la misma isla y le cuenta que a su hijo Jaxx's, de tres años de edad, le han diagnosticado un tumor craneal y está recibiendo radioterapia aquí en Mallorca. Le pide ayuda para su hijo.

Y llegó el momento de echar las cartas. Mi pregunta fue si conseguiría mi sueño de hacer un hogar para mi hijo y para mí en el local donde mi padre tenía todo el material para poder hacer el Va De Bo.

Las cartas dijeron que me dirija hacia mi decisión con energía positiva, que estoy en un proceso de alquimia, convirtiendo todo mi alrededor en una creación propia y personal con la ayuda de los vientos que soplan a favor y que hacen que reciba los guiños de la vida, que llamamos milagros, siendo consciente de que todo lo que me llega es para mí.

¡Hola, Joan! Mei decidió que tampoco necesitaba mi ayuda en este momento, así que estoy de vuelta en mi hermosa isla de Ibiza y estoy enseñando. Días después supe que Jaxx's no lo superó. Buen retorno al Hogar, Jaxx's.

El 31 de mayo de 2016 firmamos el contrato de divorcio para dar todo el amor posible a Carlos. Acordamos una semana cada uno y así volcarnos al 100%

Tres meses después como el reloj que viene marcando los episodios, una crisis brutal tuvo Carlos el 3 de agosto de 2016 diagnosticada como infarto cerebral o ictus, la cual provocó en el cuerpo una alteración de tal magnitud que tuvo que volver a aprender a caminar, a hablar, a lanzar una simple pelota de papel.

16 días después se sentó al borde de la cama. Tres días después salía del hospital por su propio pie a casa.

Según el chaman el epicentro se encontraba entre el ojo y la sien de la parte derecha de la cabeza

A raíz de este episodio, las crisis aparecieron con síntomas diferentes y su duración es de segundos. Se trata de unas desconexiones que pasan por un estado de inconsciencia.

Esas crisis pequeñas no solo han aparecido si no que se repiten con frecuencia y hace que vayamos al hospital para informarnos de lo de siempre: ¡¡¡NADA!!!

Después de implorar, exigir y rezar, no tardan en aparecer: los guías del buen sendero.

Sylke

Una clienta y ya amiga por repetir su asistencia en mi pequeño restaurante. Pregunta por el estado de salud de mi hijo. Entonces le cuento que estoy preocupado y los pensamientos no me dejan tranquilo.

Me cuenta que tengo que trascender a esa preocupación, es una cosa que nos creamos.

Y, en eso me pide un papel y escribe:

"Acepto y respeto tu destino,

y lo dejo contigo. Eres el mejor para llevarlo"

Cuando aceptes enérgicamente que tú, como padre, solo acompañas a tu hijo, dejas de preocuparte porque la preocupación pertenece al "ego"

Son procesos por los cuales tu hijo tiene que pasar, aunque estos sean infinitos y tú no debes sentirte mal, ya que todo lo que sientas, tu hijo lo va a percibir. Y tienes que ser fuerte como "padre elegido" que eres de tu hijo.

Nicola & Anmar

Una pareja entra para cenar. Ella me contaba más tarde que había algo que le llamaba la atención y que, hasta que no giró la esquina de la calle, no lo percibió: era el Va De Bo. Buscaban comida vegana.

Nicola observaba el decorado del bar, pero más aún las pinturas de Carlos.

Claro que, cuando digo los años de Carlos, lo entrecomillo «especiales» para dar una pincelada al no ajustarse a la edad de un niño de su edad. Entonces, hay una indagación y se entra en su historia.

Nicola seguía observando las pinturas, sobre todo una de Darth Vader (Star Wars), hasta que suelta que Carlos ve cosas de otro mundo, de otra dimensión.

Al oírlo decir aquello, noté un escalofrío y le reafirmé lo que había dicho con anécdotas vividas con Carlos, lo que acababa de sentenciar.

Es aquí donde hablo de las crisis que a veces tiene y Nicola responde que eso es una ¡¡¡AUTOSANACIÓN!!!

Me pide una foto reciente de mi niño y se la muestro. A continuación, le pregunto si quiere verlo en persona y accede.

Salimos los tres del bar y nos dirigimos al número 21 de la misma calle, donde se encontraba Carlos en su cama leyendo Harry Potter. Carlos, al ver entrar a la pareja en la habitación, debió flipar como yo por la situación.

Nicola volvía a observar las pinturas de Carlos que hay en las paredes de la casa.

Al rato, estaban Carlos y Nicola en plena comunicación, energéticamente hablando.

Tenía Carlos un folio con unos trazos muy suaves dibujados por Nicola en forma de rectángulo, ocupando gran parte del papel, como si delimitara un espacio.

Nicola trazaba con el índice de su mano derecha el relieve de su mano izquierda. Carlos, concentrado en el papel, empieza a dibujar el contorno de su mano derecha en el folio. Nicola coge un lápiz y lo eleva hasta donde alcanza su brazo, gesto que Carlos imita. Al cabo de unos segundos, en una comunicación telepática o llámalo como quieras, Carlos seguía levantando su lápiz con el brazo medio flexionado hasta que, pasados otros segundos, lo extiende por completo. Este gesto se repitió unas tres veces durante el rato que estuvieron comunicados los dos sin decir palabra.

A continuación, Nicola dibuja unos círculos formando una espiral y en forma cilíndrica, cosa que Carlos imita a la perfección. Nicola comenta que es un ser que ve por las noches y que Carlos ve al mismo ser.

Anmar y yo, callados, observando aquellos movimientos y trazos.

—Carlos ve cosas de día —me comentaba Nicola—, mientras yo las veo de noche —decía.

Y ahí me sobresalté un poco cuando dijo que Carlos ve a los muertos que aún están en transición, los que todavía siguen aferrados a la vida. No conviene hablar de esas cosas con él.

—Alguien le está llamando desde arriba —dijo.

Al salir el tema del fallecimiento de mi madre, me comentó que Carlos ya sabía que se iba a ir y que está notando la falta que tengo por el trascender la muerte de ella.

Irana & Patric

No ha pasado una semana y otra pareja italiana se sienta en la misma mesa en la que lo hicieron Anmar y Nicola, junto al piano. Irana interpretó a Ludovico Einaudi al piano antes de cenar.

Admirados por el contorno, haciendo vídeos y fotos y halagando la comida, les ofrezco el postre del Alma y escogen oír «Los Caprichos de Alma».

Al final de la velada, me preguntan si pueden adquirir un cuadro de Carlos expuesto para la venta: «La Galaxia». Los pelillos de mi piel se erizan al relacionar el gesto con Anmar y Nicola. Aunque no tuvieran la visión que pudiera tener Nicola, para mí era una señal de esas que no te explicas y que te envían como regalo esas fuerzas que «traspasan» la conciencia y solo tú las percibes como señales.

No quería que se fueran sin saber quién era el autor de la pintura que habían comprado, así que les expliqué que el local estaba dedicado a Carlos y al proceso de su historia. Les mostré los ocho dibujos de las visualizaciones que hizo Carlos. Ellos, más atentos si cabe, agradecieron la información sobre la pintura que habían comprado.

11

Llevo unos días dándole vueltas para encontrarle un significado a las crisis que se están sucediendo este mes de abril de 2022. Siempre he dicho que esas crisis son como una respiración, como una expansión y luego una contracción de su cerebro, y que sus neuronas buscan caminos nuevos, y en estos procesos son necesarias estas crisis.

¡¡¡Y que Dios me oiga!!!

Ahora bien, quizás me empecine con el número 11 que tanto me «persigue» en clave de palmadita en la espalda, como diciéndome que todo va bien. Incluso tengo una composición a piano titulada 11 (eleven) que va dedicada a «el comienzo y el fin», «el nacer y el morir», «el renacer cada día»; en definitiva, caerse y volver a levantarse. En esta ocasión, el «11» son dos inicios, y así como tengo esa percepción, creo que este «11» del mes de junio de este año 2022 tiene que tener su relevancia y, por tanto, confío en su magia, su alquimia y su poder para reducir y hacer desaparecer todo lo malo que hay en el cuerpo de Carlos, equilibrándolo en concordancia con el universo.

Pues bien, en abril desaparecieron las crisis para volver un año después. La frecuencia ha cambiado.

¿Casualidad o causalidad? Después de escribir sobre el «11», una chica alemana con mucha «sed de vida» está en Mallorca de vacaciones para hacer senderismo y, en su penúltimo día, entra en el VA DE BO y, para postre del Ama, me pide la pieza musical «11». ¡WOW!

Gracias por estar en concordancia con el universo.

No hace 15 días del encuentro con Anmar & Nicola. Entran a cenar dos mujeres. Una de ellas, con interés, pregunta qué es lo que hizo que creara de una forma tan diferente el local.

Hay una atracción con algunas personas, y no tardo en mostrarles el porqué de la historia del local.

Pues bien, la mujer me comunica que cada persona tiene su historia y que la de ella era haber pasado por un cáncer hace 25 años y que también fue desahuciada por los médicos. Ella, desde un principio, se negó a recibir tratamientos.

Hablamos de aferrarse a la esperanza por pequeña que sea, de ver la vida en un plano espiritual, de fortalecerte y entender aquellas pequeñas cosas que la vida nos ofrece; en este caso, aunque no muy agradable, en su trayectoria muy llena de sabiduría, conocimiento, de estar despiertos a las señales que nos envían los «ángeles», personas que de repente se ponen delante de ti; de vivir un mundo aparte, de hacer un pacto con los de arriba, de no saber exactamente qué es lo que funcionó para la sanación.

En definitiva, hablamos de muchas coincidencias que nos aportan confianza para superar una situación tan delicada. Para mí, recibir estos mensajes de apoyo de personas que no he visto en mi vida pero que, de alguna manera, están conectadas con la conciencia global y vienen a decirme cosas que, claro, en un plano sutil, yo he pedido.

Yolanda & Lorenzo

Se conocieron 12 horas antes de cenar en VA DE BO. La curiosidad o el querer saber el porqué… Claro que la energía que se respira en el local implica una emoción, por lo menos sorprende; y continúa preguntando el motivo de un local así.

—Como me lo vuelvas a preguntar, no me quedará más remedio que mostrarte el significado —le dije.

Y, efectivamente, me dirigí a enseñarle el tocho de libro expuesto en la barra del bar, empezando por los dibujos del poder mental que experimentaba en las visualizaciones diarias que hacía mi hijo y que, cada tres meses, dibujaba su proceso.

—¡Asombroso! —decía.

Él, Lorenzo, tuvo una visión tan real como si estuviera viéndonos a nosotros cuando su abuelo murió. Pocos días después, se le apareció.

Conoció a una persona que, teniendo estas visiones, no soportaba esas presiones de encontrarse delante de entes que ya no estaban en la Tierra, por decirlo de alguna manera. Por tanto, se refugiaba bajo los sedantes psiquiátricos. Sin embargo, otra persona supo canalizar sus visiones sin alterar su vida cotidiana.

En este caso, se podría encontrar a Carlos, que, por sus experiencias más allá de nuestras dimensiones, no ve alterado en absoluto su estado.

Lorenzo es un deportista extremo, de esos que hacen odiseas deportivas. De muy joven se le partió el aductor del muslo, y una amiga de su madre, que era médica, pero tenía unos poderes que usaba fuera del hermetismo alopático, le dijo a la madre del chico que, pasara lo que pasara y oyera lo que oyera, no entrara en la habitación donde estaban Lorenzo y ella. Su madre había dejado un recipiente de agua. Esa agua se convirtió en negra cuando acabó la sesión. Le dijo la amiga a su madre que tirara aquella agua por el váter y que ni la oliera, ni la tocara, ni la mirara.

Lo que aquella señora hizo a Lorenzo fue brujería, pero Lorenzo no tuvo que ser intervenido quirúrgicamente. Según las radiografías posteriores, el aductor se había restablecido de una manera asombrosa que su traumatólogo no daba crédito a los resultados.

Gracias a todos vosotros por contarme vuestras experiencias que, de no sacar a relucir el significado o la historia de Carlos, no tendría el privilegio de compartir. Estas singulares historias hacen que cada vez esté más convencido de esa realidad que no percibimos a través de esas personas y sus testimonios. Gracias a esas personas, sigo tocando el piano, que es lo que me conecta con esos mundos. Gracias a esos guías, estoy escribiendo sus experiencias, porque vosotros sois maestros, guías, ángeles en cierta medida, que hacéis un alto en el camino en el VA DE BO.

¡¡¡Carlos es bidimensional!!!

Cuando su ALMA accede a otra dimensión en la cual no existe el tiempo ni el espacio, con lo cual puede transcurrir, según nuestro tiempo, un largo periodo sin poderlo determinar. En una sesión conjunta con el chamán, no tardaba en irse y, conociéndolo, el chamán no intervenía, cosa que no hacía con otra persona que no conocía y a la que retenía.

Lo convincente de ello es que mira debajo de la mesa en busca de una imagen de la otra dimensión o, por ejemplo, en otra sesión, me pregunta:

—¿Dónde está el niño? ¿Has visto al niño?

Con su mirada dirigida al techo de la habitación en busca de ese niño.

Las crisis que tiene desde 2013 quizás sean «portales» para ese escape a otra dimensión.

Pienso a veces en qué es lo que lo retiene en esta, nuestra vida. El chico ha cumplido con creces su propósito. ¡O no!

Nunca me percaté de su conexión con otras dimensiones hasta que fue diagnosticado de cáncer y comencé a conocer, no solo a través de él, sino también a personas que se acercaban a Carlos y me informaban de su esencia.

La información que tengo ahora es en el VA DE BO, donde entran personas que no conozco de nada y que, por el simple hecho de sentir la energía del local, captan quizás la esencia de Carlos. Y eso me tiene tan sorprendido que lo estoy escribiendo. Estas personas que entran en el local para darme información me dan fortaleza en mis sentidos.

Brujitas en VA DE BO

Teresa, profesora de pintura de Carlos, junto con Mary Ann, Joana y Costanza, han venido al VA DE BO. Me han echado las cartas y salía el reflejo de mi pasado, mi presente y mi futuro.

Hablando, ha salido un tema del que no he comentado mucho. Se trata de una cajita de madera que tenía mi abuelo, que lo llamaban «encantari». Era como un protector, un amuleto, que, cuando trascendió mi madre en esta vida, mi hermana la mayor me dio la cajita diciéndome:

—Esta caja es para ti, tu abuelo se la dio a tu padre y ahora te corresponde. No la abras, si no se va a perder el encantamiento.

Como si del «arca sagrada» se tratara.

Mientras tocaba el piano «Caprichos del Alma», Costanza ha visto a mi abuelo detrás de mí, y Mary Ann notaba la Presencia.

—Creo que ha llegado el momento de abrirla para que salga ese mensaje que tu abuelo te envía a ti —decía Joana—. Siempre y cuando te lo dicte tu alma. Haz una meditación y se lo preguntas a tu abuelo.

Cuando me encontraba solo en el bar, cogí el péndulo y se lo pedí a mi abuelo. Me ha dicho que sí, que la abra. Eso no va a solucionar el tema de las crisis de mi hijo, me ha indicado el péndulo. Sí, que es para mí y no para mi hijo.

Un dato curioso y novedoso ha sido cuando Joana ha dicho que las crisis que tiene Carlos, mi hijo, que duran segundos de desconexión, pueden que trasciendan a otras dimensiones al instante. Y, como no hay espacio ni tiempo en ese otro mundo, pueden pasar días o meses, para luego regresar, siempre con una sonrisa, como si dijera: «Ya estoy aquí».

El Universo moviendo hilos...

Vienen a verme unas personas videntes o extrasensoriales, o como quieras llamarlas; me piden que toque al piano «Caprichos del Alma» y ven a mi abuelo detrás de mí. Surge el tema de la cajita y me pregunto: ¿qué tengo que hacer con ella, con la cajita? ¿Han entrado para darme esa información?

Al día siguiente...

A las 2:27 a. m., marcaba el reloj cuando me desperté de sopetón. Antes de acostarme, dejé un papelito escrito en la mesita de noche, pidiéndole a mi abuelo que me diera una señal para que me otorgara permiso para abrir la cajita.

Le daba vueltas a la hora que vi marcada en el reloj y me puse a interpretarlo. El 2, si lo indicamos con los dedos, es como unas tijeras que pueden cortar, o romper, ¡¡¡o abrir!!! ¿Sí? Luego sumé los números y daban un total de 11 (2 + 2 + 7). Mi número favorito, el día que empezó la transformación, el que me toca la espalda en plan de ánimo, «vas bien, adelante». Creo que en el relato de este libro ha quedado más que explicado lo del 11.

Sobre las 7:30 de la madrugada, cogí mi bicicleta, metí la cajita en la mochila para dar mi paseo por el mar y mis ejercicios de mantenimiento físico y espiritual, donde me cargo de energía del mar y hago mi rezo a la naturaleza, al universo... a Dios.

Me siento en un saliente rocoso y me pongo a meditar. ¡Nada! No recibo señal.

En eso, me llama «La Pintora» para vernos en casa y proceder a abrir la caja.

«La Pintora» hacía fotos y vídeo y relata lo que hemos visto para enviarlo a las brujitas que ayer estuvieron en el VA DE BO.

Mary Ann dice:

«Me ha llegado como algo muy poético. La caja, como que representa el cuerpo físico, luego la cajetilla de tabaco «Ideales» que está doblada, como el mental, que hay que ser flexible, te puedes doblar. Aparentemente perdiendo la forma, pero sigue siendo una cajita, y el escarabajo como algo espiritual, como que sigues vivo, que renaces. Me llega así, las tres formas son como capitas; una capa dentro de la otra, y aunque parezcan de diferentes tamaños, son solo medidas numéricas que ponemos nosotros para tener un orden. Eso es lo que entiendo, lo que siento».

La caja de madera «parece vieja y maltratada», pero está perfecta como es. Es bonita con su historia. La caja sigue siendo una caja, pero ha sido flexible y no rígida, y el escarabajo es espíritu. En realidad, el cuerpo mental es el que amortigua el cuerpo físico y el espiritual, pues ayuda un poco a proteger esa parte espiritual, si no estaríamos todos en bolas. No podría haber estado el escarabajo solo en la caja de madera, porque igual se hubiese roto. Es súper importante y, sobre todo, que haya sido esa caja, la de papel o cartón flexible que haya protegido el escarabajo.

Costanza dice:

«Estoy más que sorprendida con todo lo acontecido. En realidad, la caja era solo el símbolo para que él entendiera su diario, ¿no? Su autocreación, que, a pesar de lo que lleva todos los días con ese hijo tan especial que tiene, lo que quiso decirle su abuelo es que él tiene la capacidad de auto renacer a diario, tiene la luz y tiene la fuerza. La caja solo era el símbolo para que entendiera todo eso. Yo la conservaría por el momento. Fue muy significativo. Además, porque, mientras leía todo lo que vos escribías, empezaron a sonar las campanas aquí en el barrio y el abuelo sonrió, estaba feliz de que la hayas abierto. La idea es que comprenda el mensaje. Lo material es solo el símbolo. Tu abuelo está contento de que la hayas abierto.»

Muchos temas que aparecen en este libro son difíciles de digerir si no tienes una mente abierta o sabes de las energías. Tratar esos temas con personas que desconocen esos campos es como muros infranqueables. A mí me pasó. A fuerza de leer, investigar y preguntar, pude acceder a ese conocimiento, el cual tengo muy presente cada día y en cada momento del día, y sobre todo poner en práctica ante toda emoción, todo aquello que se presenta en mi vida.

Un día, regresaba de mi paseo en bicicleta y mi pequeña caminata por el dique del Oeste, en Porto Pi, donde rompen las olas con brío, cuando las hay. Ahí realizo mis rezos, me cargo de energía del mar y Chi Kung. De regreso, todavía no había cogido la bici, mirando las nubes, me preguntaba por qué no puedo ver las dimensiones que vive Carlos… lo que ve Carlos.

No recuerdo el punto exacto donde perdí la consciencia. Veía la bicicleta inclinarse hacia el lado derecho sin que yo reaccionara. Era simplemente observador en cámara lenta. No me di cuenta del golpe en toda la parte derecha de mi cuerpo: tobillo, cadera, codo, hombro y cabeza. Volví a la consciencia cuando, estando en pie, dos hombres me preguntaron por mi edad, mi nombre y si quería una ambulancia. Todavía, después de quince días, me queda la sensación de mareo, el golpe en la cadera y lo demás va cicatrizando.

Tardé unos días en atar cabos de lo que sucedió. Busqué en el Diccionario de las Emociones el significado de «desmayo» y dice así:

«Carencia de oxigenación en el cerebro. Golpe emocional dejando poca sangre en el cerebro, por tanto, poco oxígeno. Es la mente que deja mi cuerpo durante un corto instante; es como si eligiera sobre mí y cortarme del mundo físico. Estoy en rebelión sin saber cómo enfrentarme con cierta situación. Tomo consciencia de lo que me ha llevado a huir así de mi cuerpo físico. ¿Cuál es la angustia, el sentimiento de pánico interior que produjo tal situación? Sé que, en todas las circunstancias, estoy guiado y protegido y acepto mantenerme plenamente consciente de la vida que está en mí.»

Bien, pues cuidado con lo que pides, porque la forma en que te viene la respuesta puede ser tan rara como la que me pasó a mí. Aun así, doy gracias, gracias, infinitas gracias.

El viernes 26 de abril de 2024, Carlos, mi hijo, cumplió veinte primaveras, celebrándolo con la familia en la casa de verano de ASPANOB (Asociación de Padres de Niños con Cáncer de Baleares).

ASPANOB se fundó hace más de treinta años para dar ayuda a las familias de los pueblos de Mallorca y de las islas Baleares. Ya sea, en hospedaje, en apoyo psicológico, en entretenimiento en los hospitales o en el voluntariado. En definitiva, una auténtica atención al niño y a la familia.

Gracias a Eulalia, la fundadora, junto con su marido Jaume, y Sergio, que se encarga del buen estado de la finca. Ah, y Cristina, la locomotora del tren. Como siempre dice Cristina: «Hay que tirar del tren con acontecimientos solidarios.»

Cristina me cuenta cosas que ha vivido y vive con esos niños que a diario los visita, con ese humor vocacional y ese AMOR INCONDICIONAL a todos los niños.

Cristina hablaba un día por teléfono con la madre de una niña que trascendió la muerte. En eso, la madre dejó de hablar y Cristina hizo lo mismo, hasta que la madre, unos segundos después, le dijo que había visto una estrella fugaz y Cristina no se lo podía creer. Estando a kilómetros de distancia entre una y otra, Cristina también vio esa estrella. En ese momento, la madre de la niña sintió paz, comprendió y aceptó que su hija se había marchado a su hogar.

María & Fran

Gracias a María y a Fran, que tuvimos unos encuentros en Va De Bo. Tratamos varios temas sobrenaturales o sutiles de gente que pinta lo que no se ve, en cuya película *Hilma*, bastante interesante, trata de ello. Su obra ha sido expuesta en el museo Guggenheim. Me prestaron el libro 1 y 2 de Christina Von Deier, que ha escrito su madre Bernadette para plasmar con detalle toda la aportación de su hija, una niña de conciencia muy avanzada o conciencia ampliada y que su misión será la de ampliar la mente humana en beneficio de sí misma. Solo es necesario activar el botón en ON para que suceda.

CHRISTINA. Nacida prematuramente junto con su hermana gemela Elena, tres meses y medio antes de lo previsto. Elena trascendió la muerte poco tiempo después, estando aún en la incubadora.

Elena (la luminosa) acompañará en todo momento, en un plano metafísico, a su hermana Christina (seguidora/sucesora de Cristo) en su misión aquí en la Tierra. Dice Christina de su hermana que es un ser extraordinariamente lumínico, con una luz dorada amarilla. Dice que los nombres de las gemelas les fueron dados por los de arriba a sus padres. Eso contará Christina años después a su madre.

Christina avanzará y ampliará los dones que le son otorgados en su crecimiento. Puede captar telepáticamente, a un nivel sutil y superior, las piedras, las plantas, las personas y los objetos. Puede volverse invisible y traspasar paredes. Ve todo conectado, como si no hubiera diferencias ni limitaciones. Todo está conectado como energía o campo energético. Percibe los diferentes seres de la naturaleza, como los seres de los árboles, los enanos del jardín, los elfos del agua; incluso los oye, como puede oír también cuando cortas una manzana, su grito de dolor y su pérdida de su campo energético al cortarla en muchos trozos. Lo suyo es no cortarla y así ingieres su campo energético.

Informa que los humanos siempre van acompañados de seres espirituales a saber:

La formación básica: guías/asesores espirituales, ángeles de la guarda y corredores.

Christina, particularmente, cuenta con el apoyo de sanadores de luz, caballeros y «mantenedores del campo». Estos últimos seres especiales pueden añadirse al equipo espiritual en función del plan del alma, la tarea de vida o la situación vital de cada uno.

a. Espíritus guía: Estos seres conocen a la perfección nuestro plan del alma porque lo hemos diseñado con ellos antes de nuestra encarnación. Están durante toda nuestra vida a nuestro lado, asesorándonos sabiamente, y nos apoyan activamente en el cumplimiento de nuestro plan del alma. Podemos consultarles siempre que afrontamos procesos de decisión, cuando no tenemos claras ciertas relaciones o, en general, cuando estamos interesados en un tema y deseamos disponer de información fiable al respecto. Si formulamos apropiadamente a nuestros espíritus guía preguntas lo más precisas posible, su sabiduría casi alcanza la omnisciencia.

Christina explica que los guías espirituales son siempre almas que ya disponen de una cierta «experiencia de vida», esto es, de experiencias recabadas en encarnaciones terrenas o no terrenas. Contar con esta experiencia es uno de los requisitos que ha de cumplir un ser para cualificarse como espíritu guía de un ser humano. No pocas veces se trata incluso de almas de seres humanos que conocemos de encarnaciones anteriores, y que han decidido, en el mundo paralelo espiritual, acompañarnos y asesorarnos en nuestra encarnación actual.

Toda persona tiene, según Christina, varios espíritus guía. Están presentes también cuando no se lo pedimos explícitamente, preparando para nosotros encuentros, situaciones y ocasiones de aprendizaje previstos en el plan de nuestra alma. Con otras palabras: son los responsables de lo que comúnmente llamamos «casualidad», «destino» o «feliz coincidencia». Todas las demás categorías de acompañantes espirituales intervienen activamente en nuestra vida solo si se lo pedimos explícitamente, si los invitamos (a excepción del ángel de la guarda en situaciones de grave peligro).

b. Ángeles de la guarda. Su función es protegernos. Son una especie de guardaespaldas espirituales y nos protegen tanto energética como físicamente de ataques y asaltos no previstos en nuestro plan del alma.

c. Corredores. Estos se hallan delante y no detrás de nosotros. Son una especie de recaderos y siempre están preparados para recibir de nosotros toda clase de encargos y salir después corriendo, literalmente, a cumplirlos. En su caso, se trata de un grupo de seres que se sitúan frente a ella, formando un semicírculo, y a los que puede encomendar en todo momento la realización de determinadas tareas y preparativos, situados a veces en el presente y a veces en el futuro. Si nos dirigimos a ellos amablemente y les manifestamos nuestra gratitud por sus servicios, hacen prácticamente todo lo que les pedimos. También podemos recurrir a ellos cuando se trata de recuperar algo que se ha perdido o para apartar obstáculos del camino y llegar a tiempo a las citas importantes.

Hasta aquí constituyen lo que podríamos llamar la «forma básica» o la «dotación estándar» del equipo espiritual de cualquier persona. Siempre están presentes y actúan, o bien en segundo plano y sin que se los pidamos, o bien activados por nuestros deseos explícitos, para lo cual están en todo momento a nuestra disposición.

En el caso de Christina, amén de los seres especiales mencionados, tiene una ayuda extra en el cumplimiento de su tarea con los seres a saber:

d. Sanadores de luz: Estos seres son una especie de médicos sutiles y ayudan a los seres humanos que cuidan cuando sufren daños inesperados, ya sea en sus diversos envoltorios corporales sutiles o en sus cuerpos físicos. También para ellos se cumple la regla de que no pasan a la acción hasta que no se les conmina explícitamente a hacerlo. Cuando mejor pueden llevar a cabo sus trabajos de recuperación energética y física es cuando el cuerpo físico se encuentra en una fase de reposo, esto es, en estado de reposo consciente o durante el sueño. Las órdenes de sanación concretas que uno da antes de irse a dormir deben de estar formuladas con la mayor precisión posible para que puedan cumplirla en el transcurso de la noche.

e. «Caballeros»: Estos poderosísimos seres sutiles se suman a los anteriores, respondiendo a nuestra llamada, en situaciones de extremo peligro, para proporcionar protección complementaria a las personas que les han sido encomendadas. Los Caballeros son como Ángeles de la guarda, aunque no tan polivalentes. Los Caballeros se han especializado más en lo físico y material, y los hay que se encargan más de lo astral y sutil. Son capaces de manifestarse físicamente por un corto periodo de tiempo.

f. Mantenedores del campo: Cuando a una persona se le asigna la tarea especial de ampliar su campo de energía personal, por ejemplo, su aura, con el fin de mantener el campo vibratorio y la frecuencia general de una determinada zona geográfica, puede pedir ayuda a estos seres sutiles armonizadores.

Así de importante es, por tanto, actualmente estar encarnado en la Tierra como ser humano.

Maravillosa información que está dejando esta niña de 14 años con una sabiduría dada por el cosmos. Puede leer una página de un libro en 10 segundos y acordarse con detalle de lo leído. Aunque su conocimiento le ha venido dado, no se opone a las informaciones erróneas del colegio. Es capaz, con los ojos tapados y sin tocar nada, de precisar el campo energético de un objeto si es redondo, cuadrado, blando o líquido. Es impresionante, es como de ciencia ficción. Aunque admite que la conciencia ampliada está en muchos niños que han nacido a partir de este siglo XXI y que la Tierra ha aumentado su vibración.

La «primera ola», la generación pionera cuyos integrantes nacieron en los años 60 (niños índigo), ha impulsado y conseguido un nuevo sentimiento del cuerpo y de la naturaleza, lo cual se ha reflejado en una concepción holística de la alimentación y la medicina. Impulsaron la investigación y el desarrollo de energías alternativas, y abogaron en todo el mundo por la defensa de los animales y la protección de la naturaleza. Iniciaron un movimiento ecologista y pacifista, y comenzaron a llevar a la práctica de forma concreta utopías sociológicas y modelos alternativos de convivencia humana. Abrieron también la mente a las filosofías y vías de conocimiento del Lejano Oriente, y con ello a terapias, técnicas de yoga y formas de meditación tradicionales de miles de años de antigüedad. Finalmente, se comprometieron activamente con la superación del predominio unilateral de la energía masculina y con el fomento de un equilibrio armónico entre la energía femenina y masculina.

Christina asegura: «Si los seres fueran conscientes de que las grandes crisis y los grandes dramas de este planeta han sido creados y orquestados por un puñado de personas y que, sin saberlo, viven voluntariamente en un sistema dominado por la dependencia y la manipulación, se reirían de sí mismos».

«La segunda ola». A esta generación de precursores llamados niños índigo, que nacieron entre los años 60 y 70, le sucedió una nueva ola de niños conocidos por el nombre de niños cristal. El nombre procede probablemente de que en esta generación muchos ya poseían una estructura celular nueva, cristalina. Mientras que la generación de los niños índigo abogó por el abandono del sistema político establecido y de las estructuras de poder destructivas mediante protestas, activismo feminista, y movimientos en favor de los derechos civiles y marchas pacíficas y manifestaciones contra la energía atómica, todo ello con el fin de remover las conciencias. A la generación de los niños cristal le correspondió encabezar el abandono progresivo de las iglesias dominantes y de las formas de religiosidad y espiritualidad, unilateralmente marcadas por lo masculino.

Los cristal nacieron en los 80. Suelen ser almas experimentadas procedentes de esferas de dimensiones más elevadas que vinieron a apoyar e impulsar el salto evolutivo de la humanidad. Un rasgo llamativo de esta generación es que tienen poco miedo y están dispuestos a desprenderse de lo tradicional y a abrirse a lo nuevo. Están muy avanzados, energéticamente hablando, son muy cariñosos y aman la armonía, y a consecuencia de su elevada frecuencia vibratoria cabría denominarla «conciencia cristal». Les resulta difícil tolerar energías negativas en su entorno. No les gusta la presión, ni el estrés, ni la intranquilidad, y sienten una acusada antipatía interior por cualquier forma de destructividad.

Uno de los logros de esta segunda ola consiste en que la espiritualidad es ahora un fenómeno público en nuestra sociedad occidental, y en que temas que en siglos pasados se abordaban y enseñaban exclusivamente en círculos cerrados y sociedades secretas son ahora accesibles para un amplio sector del público en general. Otro rasgo característico es que hemos comenzado a poner en cuestión creencias tradicionales y dogmas religiosos sin sentir miedo por hacerlo y con ello a avanzar hacia una forma de espiritualidad holística caracterizada, no por la exclusión y el miedo al otro, sino por la reconciliación y la fraternidad.

«La tercera ola» se atribuye a los niños nacidos a partir del 2000, llamados niños arcoíris. Tienen a menudo un aura arcoíris. Son de alta vibración y son los verdaderos pacificadores de nuestro tiempo. No están interesados en sistemas de poder impuestos, ni en el éxito material exterior, ni en el reconocimiento social fácil.

No les entusiasman los sistemas de educación anticuados, las ciencias tridimensionales, las tecnologías manipulativas, los sistemas de creencias patriarcales o los excesos destructivos de la cultura y el consumo, pero tampoco reaccionan con ira, rechazo o condenas. Viven una consciencia-nosotros armónica, conocen las leyes de juego universales y por eso tomarán un camino nuevo. Serán los constructores de una sociedad futura caracterizada por el respeto, la armonía y la paz.

«La visión del bien será la ley futura de todos y cada uno de los países. Un fino hilo de luz se convertirá en una luz celestial».

«No es cierto que la luz y la no-luz se potencien mutuamente. El amor incondicional tiene una frecuencia muy alta, y la no-luz no puede resistir esa frecuencia. Podemos desarrollar la madurez necesaria para amar incondicionalmente. Es así como damos a la no-luz la oportunidad de transformarse. A la no-luz solo la potenciamos si nos enfrentamos a ella con pensamientos también oscuros».

«En nuestro más íntimo ser, todos somos iguales. Nadie está por delante de los demás, ninguna luz es más brillante que otra y ninguna tarea de vida es más importante que la de cualquier otro. Todos somos seres divinos que tenemos aquí una experiencia como seres humanos, y no seres humanos que llegarán a ser divinos».

Vuela alto Carlos

He decidido jubilarme por mi cuenta, traspasar el local en julio y dedicarme a contemplar la vida.

Por otra parte, era mi deseo dar alas al libro y continuar su expansión. Me puse en contacto con Ediciones Europa, rellené el formulario y lo envié. Mi primer contacto fue con Ana Belén de «Proyecto Chronos» del Grupo Albatros. Le pasé el libro en formato PDF. Al poco tiempo me llamó, diciendo lo emocionada que estaba y que esa historia tenía que publicarse. Me animó mucho su sensibilidad y el apoyo que me infundió. Así pues, el gabinete de redacción aceptó su publicación el 6/11/2024, cuando la historia de este libro empieza el 11/6/2011. Esa fue la señal que me empujó a ello.

Con Samuel, el editor, formamos un buen equipo. Mantenemos lo esencial del acontecimiento plasmado con arte para la impresión. Hemos intercambiado opiniones para enfocar la esencia del texto.

Llegados hasta aquí, espero que os haya gustado y recordéis a ese chico feliz, vaya donde vaya, esté con quien esté y haga lo que haga, siempre con AMOR. Es un ejemplo de admiración.

Gracias, Carlos, por acompañarme en esta, nuestra vida.